新时代青年学者管理文库
Management Library for Young Scholars in the New Era

国家自然科学基金青年项目（72401057）研究成果
国家自然科学基金面上项目（7227041183）研究成果
辽宁省教育厅基本科研业务费资助

U0656839

MANAGEMENT

# "政府主导—社会参与"救灾模式下拨款和募捐问题的治理研究

Research on Governance of Appropriation and Donation in
"Government-led, Society-involved" Disaster Relief Model

赵宁 著

LIBRARY

东北财经大学出版社
Dongbei University of Finance & Economics Press

大连

**图书在版编目（CIP）数据**

"政府主导—社会参与"救灾模式下拨款和募捐问题的治理研究 / 赵宁
著. —大连：东北财经大学出版社，2024.12. —（新时代青年学者
管理文库）. —ISBN 978-7-5654-5540-7

Ⅰ. D632.5

中国国家版本馆 CIP 数据核字第 2025HE0791 号

东北财经大学出版社出版发行

　　大连市黑石礁尖山街217号　邮政编码　116025

　　网　　址：http://www.dufep.cn

　　读者信箱：dufep@dufe.edu.cn

大连永盛印业有限公司印刷

幅面尺寸：170mm×240mm　字数：160千字　印张：13.5
2024年12月第1版　　　　　2024年12月第1次印刷
责任编辑：王　玲　吉　扬　　责任校对：刘贤恩
封面设计：张智波　　　　　　版式设计：原　皓
定价：69.00元

# 前言

　　救灾资金的管理对开展灾害管理活动有重要意义。在我国"政府主导—社会参与"的灾害管理模式下，发挥政府主导的制度优势，并引领社会力量积极参与灾害救援工作，是我国灾害管理体制机制的改革方向。但是，当前救灾工作中存在着不同程度的信息不对称问题，不仅在某种程度上滋生了个别渎职基层公务人员滥用救灾资金的现象，还引发了募捐物资权限分配的难题。

　　这在影响政府主导优势发挥的同时，也挫伤了社会力量的捐赠积极性，给我国防灾减灾救灾体制改革带来了较大阻力。为了更好地降低救灾资金分拨与募捐过程中信息不对称问题所导致的各种风险，本书关注政府和社会两种来源的救灾资金，以救灾资金的"筹集—使用"为研究主线，构建了信息不对称背景下救灾资金拨款与募捐管理问题的博弈论分析框架。

　　救灾资金的管理过程主要涉及政府拨款和社会募捐两个来源，而每种来源的救灾资金又涉及资金筹集和资金使用两个主要阶段。在此过程中，政府部门面临着4个现实难题：（1）在政府拨款问题上，如何遏制个别渎职基层公务人员谎报灾情骗取救灾物资的行为，如何实现对个别渎职基层公务人员截留、挪用救灾资金的精准监督。（2）在面向社会开展募捐的过程中，如何发布募捐策略以传递真实灾情，如何分配募捐救灾物资的操作权限。（3）当前学界对政府救灾资金管理的定量研究主要聚焦于财政体系规划、绩效评价等问题，对于核查和监督的研究大多是定性的，缺少定量的研究。（4）对社会救灾资金管理问题的研究中，以社会力量为管理主体的情境受关注较多，政府统筹的管理模式尚没有得到广泛的关注。

围绕以上4个核心问题，本书做了如下创新性工作：

第一，在政府渠道救灾资金投入问题上，上级政府核查部门受到时间和办公资源的双重限制，难以对上报的灾情事无巨细地核查，这给个别渎职基层公务人员谎报灾情、骗取救灾物资提供了可乘之机。考虑到在此过程中上级政府对自身核查能力和核查策略具有私人信息，本书将公布的灾情核查策略作为信号，以减少个别渎职基层公务人员谎报灾情牟利为目标，构建了地方报送与上级监督的信号博弈模型，分析了上级政府借助信息优势的最优灾情核查策略，并进一步分析了多周期灾害核查中"先强后弱"与"先弱后强"两种策略组合方式的有利条件。

研究发现，个别渎职基层公务人员谎报行为受到预期成本、收益，以及上级政府的核查能力等因素影响，在多阶段模型中，当个别渎职基层公务人员的贴现率较高时，上级政府采取"先强后弱"的核查策略更有利于减少其瞒报谎报的行为。

第二，在政府渠道救灾资金使用问题上，由于负责一线救灾的基层公务人员对于自身是否具有自利倾向具有私人信息，并且对于救灾物资使用的信息披露具有较强的操作性，因此，本书将部分基层公务人员对其救灾工作的信息披露作为信号，以实现对自利型基层公务人员的精准核查为目标，构建了救灾监督的信号博弈模型，分析了当前个别地区存在监管混乱现象的原因，并通过引入信息披露激励机制，进一步分析了上级政府实现信息甄别的条件。在引入信息披露激励机制后，上级政府可以通过调节信息披露激励系数实现信息甄别，但是该信息披露的激励力度并非越大越好。

第三，在社会渠道救灾资金的募集问题上，由于灾发初期政府部门需要一定的时间评估审核灾情，进而向社会通报，这种时间差导致社会力量在初期无法获知灾害的实际损失，因而给个别渎职基层公务人员伺机募敛财提供了可乘之机。本书以救灾部门通过募捐信息披露实现信息传递为目标，建立了募捐信息公布策略的信号博弈模型，并站在具有信息优势的上级政府的角度，研究了募捐信息发布策略，分析了分离均衡成立和混同均衡排除的条件。在完全信息下，政府的最优募捐策略会受其对募捐物资总需求量的影响。在灾情信息不充分的情况下，重灾区政府应采取谨慎的募捐原则，减少募捐物资数量并提高质量规格，将其作为新的信号从而实现信息传递。

第四，在社会渠道救灾资金使用的问题上，一方面，社会力量无法获知当前政府救灾部门对募捐物资的操作效率，其捐助决策受到影响；另一方面，定向捐赠在激发社会力量捐助意愿的同时，也会降低救灾部门对物资的操作效率。本书以充分激发社会力量的捐赠意愿，并最大化募捐物资的救灾效果为目标，建立了救灾募捐物资操作权限分配的不完全信息博弈模型，分别提出了政府部门进行信息披露和与社会力量开启谈判两种不完全信息下的解决模式，研究了每种模式下的最优决策，并通过横向对比分析了不同策略的适用条件。

研究发现，在不完全信息政府单独决策模式下，当政府对两类物资操作效率相差较小时，完全接受定向捐赠的救灾效果更佳。政府部门是否应该开启信息披露，取决于信息披露的成本。而政府部门是否需要通过谈判决定定向捐赠物资的比例，则取决于双方的时间偏好。

从研究创新和研究价值上看，本书一是结合我国政府主导、社会参与的灾害管理特殊性，研究了政府拨款与社会募捐两种渠道的救灾资金在供给和使用阶段的管理问题，进一步扩大了灾害管理的研究领域，丰富了灾害管理的研究内容。二是构建了以政府为主导的灾情核查模型、救灾监督模型、救灾募捐策略发布模型、救灾物资权限分配模型等，在为现有管理难点提供解决思路的同时，也为后续研究提供了场景匹配度较高的基础理论模型。三是充分考虑了上级监管部门与基层公务人员、政府救灾部门与社会力量之间的信息不对称性，并结合不完全信息博弈理论、信号博弈理论，为政府灾害管理部门的策略选择提供了理论借鉴和管理启示。

本书内容仅代表作者个人观点，由于编写时间仓促，编写经验、水平有限，书中难免有疏漏、不足之处，敬请读者批评指正。

赵宁

2024年10月

# 目录

1

**绪论**

近十几年来，全球进入了灾害多发期。而我国地域辽阔、人口众多，在气候异常、地壳运动频繁、新型病毒肆虐的影响下，各类突发事件频繁发生。根据应急管理部发布的2021年全国自然灾害基本情况，全年全国各类自然灾害共造成1.07亿人次受灾，农作物面积受损11 739千公顷，直接经济损失达3 340.2亿元（国家减灾网，2022）。2021年，党的十九届六中全会通过了《中共中央关于党的百年奋斗重大成就和历史经验的决议》，强调要加强防灾减灾救灾和安全生产工作，加强国家应急管理体系和能力建设。

## 1.1 问题的提出与研究意义

### 1.1.1 问题的背景

灾害管理属于新兴学科，在20世纪90年代初期，开始在世界范围内得到关注（Gupta et al.，2016）。在经历了2003年"非典危机"、2008年"汶川地震""南方雪灾"等重大灾害的冲击后，应急管理问题在我国开始得到广泛的关注（刘德海，2018）。当今，全球范围内灾害频发，新型病毒、蝗灾、地质灾害等一系列突发事件向着影响范围广、持续时间长、破坏程度深的特点演变，不仅对我国以政府为主导的灾害管理主体的治理能力提出考验，也使社会力量的作用日益凸显。2021年国务院印发了《"十四五"国家应急体系规划》（国发〔2021〕36号），将我国应急体系建设总体目标确定为"到2025年，形成统一指挥、专常兼备、反应灵敏、上下联动的中国特色应急管理体制，建成统一领导、权责一致、权威高效的国家应急能力体系"。该规划主要强调了我国灾害管理主体是各级人民政府，这是我国灾害管理体制区别于欧美发达国家的重要特点之一。当灾害严重程度较低时，政府自身救灾储备足以应对，当灾害严重程度较高，救灾物资需求激增超过政府储备时，以慈善机构、社会企业和个人等为代表的社会救援力量的作用就得以凸显。图1-1展示了2013—2019年期间，我国政府和社会两种渠道救灾资金投入以及社会捐赠占比情况。其中，2016年洪涝、台风等气象灾害发生频率极高，因此政府救灾投入量最大。另外，2013年受雅安地震影响，社会捐赠占总体投入比例最高，之后社会捐赠占比呈逐年下降趋势。占比下降与巨灾减少、政府抗灾能力提升等因素有关，社会捐赠积极性降低也是重要原因之一。《"十四五"应急救援力量建设规划》进一步明确了社会应急力量在未来的发展和建设思路。充分发挥我国政府主导的制度优越性，充分引导社会力量参与灾害救援，建立"政府主导—社会参与"的灾害管理模式，对我国防灾减灾救灾体制机制改革工作的推进，具有重要意义。

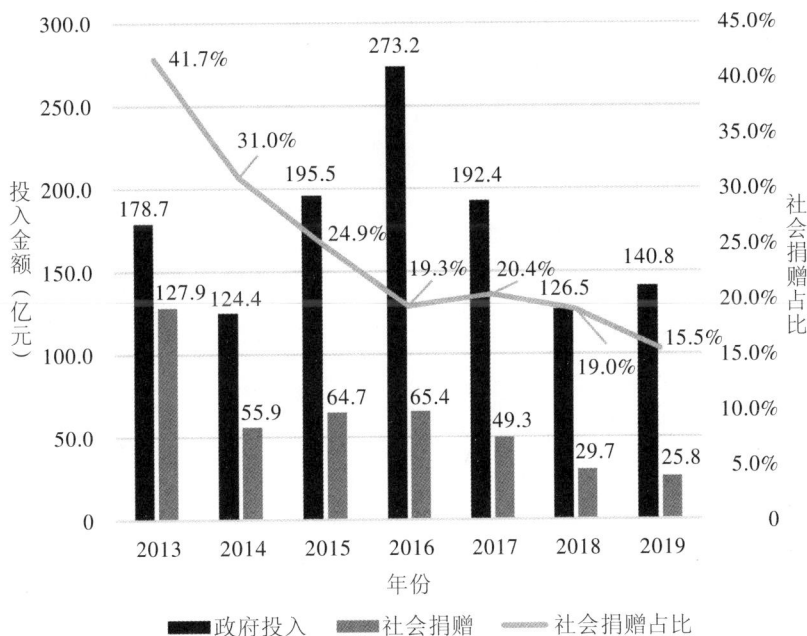

图1-1　政府和社会的救灾资金投入图

数据来源：2014—2020年《中国财政年鉴》、2014—2020年《中国慈善捐赠报告》。

根据《中华人民共和国突发事件应对法》中的相关规定，灾害管理的内容可依次分为预防准备、监测预警、处置救援、恢复重建四个阶段。相应地，财务管理活动分为"供给—使用"两个阶段。其中，资金供给是灾害管理的起点，是开展一系列灾害管理活动的必要保障；而资金使用是灾害管理的重点，是将灾害管理资金转化为防灾、抗灾效能的关键环节。在我国政府主导的灾害救援管理模式下，救灾资金的主要来源为各级财政部门拨款以及社会捐助两大类（李瑞，2018）。资金的供给和使用，都由各级政府灾害管理部门直接负责。然而，正如《中共中央 国务院关于推进防灾减灾救灾体制机制改革的意见》所指出的，"当前防灾减灾救灾体制机制有待完善，灾害信息共享和防灾减灾救灾资源统筹不足"，在一系列应急响应管理实践中，无论是来自政府拨款的救灾资金，还是来自社会募捐的慈善资金都面临着信息不对称问题引发的管理危机。一方面，个别渎职基层公务人员谎报灾情以牟利，甚至是肆意挪用救灾资金的案例屡见不鲜。2012年5月12日，湖南省桃江县遭受洪涝灾害，实际造成经济损失约1 800万元。而个别渎职基层公务人员却谎称实际受损8 900万元，后被当地媒体发现暗含"水分"（中国经济网，2012）。2022年9月23日，国务院召开专门电视电话会议，要求各地严惩瞒报谎报事故，为党的二十大召开营造良好氛围[①]。而另一方面，来自社会公众与慈善团体捐助的社会资金也遭受着信任危机，作为国内最大受赠机构的中国红十字会，却因为"郭美美炫富事件""汶川天价帐篷"等负面事件而遭受重大信任危机。一系列事件影响了灾害救援效率，对灾害管理问题造成了极大的负面影响。因此，提高灾害救援资金管理效率，规范基层公务人员工作行为，提高社会参与积极性，是在推进国家治

---

① 余晖.严惩瞒报谎报事故等！国务院给各地提要求，多地省长紧急开会部署［EB/OL］.（2022-09-24）［2024-10-08］. https://baijiahao.baidu.com/s?id=1744842280263715779.

理体系和治理能力现代化的大背景下，我国推进灾害救援体制机制和社会治理体制改革所面临的关键问题。在中国管理实践中，在政策注意力配置和政策执行力监督上均高度重视应急管理工作（张海波、童星，2022），充足的资金供应是促进应急管理工作迅速开展、降低灾害损失、维持社会稳定的重要保障，因此有必要对资金管理问题展开研究。

### 1.1.2 问题的提出

在我国"政府主导—社会参与"的灾害管理模式下（如图1-2所示），来自政府部门的救灾专项拨款和来自社会力量的慈善捐赠资金都需要在政府部门的授权和监督下筹集和使用。当政府救灾储备足以应对灾害时，政府不需要开启社会募捐；当灾害突发且损失严重，超出政府本身的救灾能力和物资储备时，政府部门需要开启社会募捐，以最大化满足救灾需求。但是，当前，我国救灾体制在这两个阶段都面临着管理难点。首先，在政府拨款的审查和监督过程中，个别渎职基层公务人员以非法手段牟取或滥用救灾资金的事件时有发生。在党中央国务院坚强领导下，各级政府及任职公务人员应"以人为本，执政为民"，但是根据Becker的理性个体预期效用论，个别渎职基层公务人员在执行公务中会转而追求个人利益最大化（Becker and Stigler，1974），致使个人初衷与政府初衷不一致，决策目标也发生偏离（郑利平，2001），尤其是在危机管理过程中，个别渎职基层公务人员往往会采用模糊视线、隐蔽操作等行为躲避追责（刘泽照，2021）。尽管《中华人民共和国政府信息公开条例》明确规定"需要社会公众广泛知晓或参与"的信息要主动公开，"抢险救灾、优抚、救济"等信息要公开，但是在救灾过程中，个别渎职基层公务人员会利用自身在灾害救援中掌握的关于一线救灾工作的私人信息，在救灾资金申请和使用过程中出现个体的腐败现象（王树兵、李西文，2014）。因此，救灾资金分拨与监督过程中，上级政府与个别渎职基层公务人员之间决策目的出现了不一致的现象，上级政府如何制定决策以规制基层公务人员的偏离行为是政府拨款过程中的重要决策问题。当灾害损失十分严重，靠政府应急能力无法满足抗灾救灾物资需求时，政府部门会开展社会募捐，充分发动社会力量应对灾情。

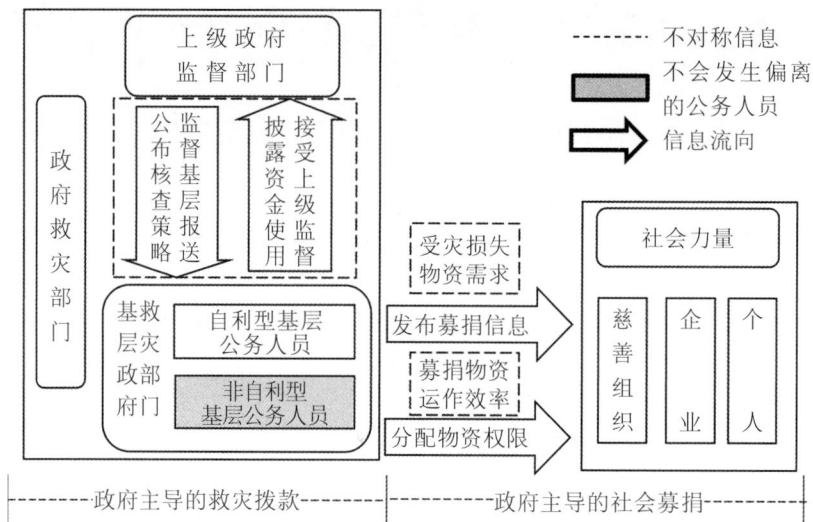

图 1-2　研究对象逻辑图

在我国"政府主导—社会参与"的灾害管理模式下，政府需要对社会慈善力量进行引领，双方的应急决策行动具有习惯性。在救灾初期，由于政府救灾部门与社会之间关于灾害损失的信息不对称，这不仅导致社会力量无法判断自身捐赠的价值，也给个别渎职基层公务人员募捐敛财提供了可乘之机，加之由于灾害本身的突发性和不确定性，以及灾害导致损失的不确定性，社会力量无法准确获知当期政府救灾部门对救灾物资的操作效率，因此募捐决策受到了两方面信息不完全因素的影响，捐助积极性受到打击。尽管政府救灾部门与社会力量之间有着减轻灾害影响的共同决策目标，但是如何通过策略互动克服信息不对称所造成的阻碍，是政府主导募捐过程中的重要决策问题。

近年来，随着人工智能、大数据、区块链等新兴技术的兴起，数字政府的建设极大地提高了政府部门信息公开化的程度和质量，尤其是对于以往因数据集成化水平和工作能力不足所导致的上下级政府之间的信息不对称问题具有很好的效果（Guo，Liu，and Nault，2021）。但是由于当前我国政府大数据建设在技术自身特点、普及程度以及衍生负面影响等方面仍然存在悬而未决的问题，导致救灾过程中信息不对称无法完全通过新兴数字技术加以解决。首先，灾害损失、受灾群众情况、救灾工作支出等数据的搜集、研判与整理都需要一定的时间，这种研判、搜集、统计工作的滞后性所导致的问题难以通过数据技术彻底解决（刘德海、赵宁，2020）。而灾害应对行动是分秒必争的，这导致灾害救援各相关主体不得不在有限知识背景下进行决策。其次，当前我国基层政府大数据建设还不完善，在配套架构和专业能力上还存在着不足，大数据效能无法充分发挥（冯轶，2021）。此外，大数据应用在给决策制定者提供便利的同时，随之而来的隐私问题也不可忽视（Pawlick，Colbert，and Zhu，2018）。尤其是当前数据分类分级体系不健全，导致灾民信息统计工作仍然受限（狄振鹏、姜士伟，2022）。以上为新兴技术本身在技术层面中所存在的问题，在技术以外，由于基层公务人员对于自身应对灾害的实际行动仍存在较高的隐蔽空间，这给个别渎职基层公务人员在数据系统中披露虚假信息提供了可能（魏云娇，2021）。以上由于数据技术普及困难、数据搜集困难、数据本身衍生问题以及个别渎职基层公务人员偏离所导致的政府救灾过程中的信息不对称问题，难以通过应用新技术加以解决。在此基础上，本书通过引入以信号博弈为主的博弈理论，对灾害救援各相关主题进行研究，从决策机制层面克服信息不对称对政府拨款和募捐造成的阻碍，图1-3为本书研究问题逻辑图。对于大数据技术下的救灾管理问题，本书在第7章中加以进一步探讨。

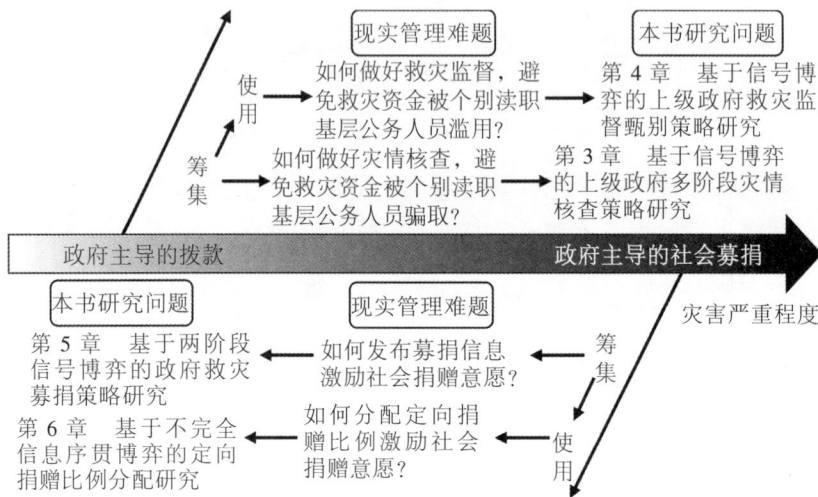

图 1-3　研究问题逻辑图

《中共中央 国务院关于推进防灾减灾救灾体制机制改革的意见》指出，"当前防灾减灾救灾体制机制有待完善，灾害信息共享和防灾减灾救灾资源统筹不足"。现有救灾资金管理体系仍然面临着以下四个问题：

第一，在政府拨款灾情核查方面，灾情审核工作仍有疏漏，个别渎职基层公务人员瞒报谎报灾情状况时有发生。无灾说有灾、轻灾报重灾套取的救灾款，往往成为地方的灰色资金。但是，由于救灾工作具有基层公务人员负责的"属地管理"特点，上级政府灾情核查工作不仅受到专家组工作能力、灾情复杂程度等客观因素限制，而且经常受到基层工作人员不配合或瞒报谎报灾情的误导。因此，上级政府如何在有限时间和既有资源约束下精准核查灾情，是在提升国家治理能力现代化的大背景下，我国推进灾害救援体制机制和社会治理体制改革所面临的一个关键问题。

第二，在政府拨款资金使用监督方面，由于救灾资金的专项使用需要通过各级工作部门层层落实，部分基层公务人员存在着投机思想和自利倾向，救灾资金的使用过程中存在着对象不准、标准随意，甚至是截留、挪用等情况，救灾资金落实的效率难以保证。具有自利倾向的基层公务人员对救灾资金使用过程的信息披露具有较高的隐蔽性，而对上级政府监督部门来说，需要考虑办公资源、监督成本的问题，亟须建立高效的救灾资金监督体系，以保障救灾资金的科学使用，实现救灾资金监督机制的有效运行。

第三，在政府募捐的信息发布方面，基层公务人员伺机敛财的行为时有发生，社会募捐物资处置与使用不到位，社会公众的捐助积极性被极大挫伤。灾害发生初期，灾区政府难以在短时间内完成灾害损失的评估和共享，导致在募捐初期政府与社会间出现了灾害损失信息不对称的问题。甚至出现了一些轻灾区的个别渎职基层公务人员浑水摸鱼、伺机敛财的情况。如何在灾发初期灾情信息不对称的背景下，通过募捐信息传递真实灾情，以激发社会力量的捐赠积极性，是我国政府在管理中面临的又一挑战。

第四，在政府募捐的物资权限分配方面，操作权限的分配仍然面临着严峻的挑战。我国目前社会募捐工作体制流程还处于发展阶段，相关法律不健全，社会筹集物资的分配与调度方案还存在着问题，这主要体现在募捐物资定向捐赠使用比例的确定方面。一方面，接受定向捐赠，可以使社会诉求得到满足，进而吸引更多的物资捐助，提升救灾部门所募捐到的物资总量；另一方面，过多的定向捐赠物资又会给救灾部门的物资操作效率带来负面影响，进而影响灾害救援的效果（Strom，2008；Tomasini and Van Wassenhove，2009）。除此之外，由于灾害具有复杂性和不确定性，社会力量无法获知当期政府救灾部门对物资的具体操作效率。因此，在救灾物资操作效率信息不对称背景下，如何合理地确定社会筹集物资的使用分配权限，提高社会筹集物资的使用效率，是完善我国灾害救援社会资金管理体制的又一重要问题。

我国政府主导情境下的救灾资金管理问题主要分为政府拨款和政府主导的社会募捐两大类，其监管过程分别涉及上级监管部门与个别渎职基层公务人员之间的博弈，以及政府救灾部门与社会力量之间的博弈。本书针对该问题运用信号博弈和动态谈判博弈等相关理论，在总结分析救灾资金管理的特点和复杂性的基础上，结合我国政府主导情境下抗灾、救灾不同阶段的管理特点，分别构建政府监管部门和个别渎职基层公务人员之间，以及政府救灾部门与社会力量之间的博弈模型，并给出了不同管理背景下的均衡解，分析了不同均衡模式的适用条件。最后采用数值分析的方法对研究结论进行验证，以期为灾害救援中资金管理问题提供有益的参考和启示。

### 1.1.3　研究意义

面对日益复杂严峻的各类突发事件的威胁，本研究旨在充分发挥我国"政府主导—社会参与"灾害管理模式的优越性，更好地完善我国应急资金管理体系，使政府资金与社会资金在灾害救援过程中得到更好的应用。本研究涵盖了政府与社会两种渠道的救灾资金管理过程中从筹集到使用的问题，为提高救灾资金管理效率，减少应急救援资金的滥用和私吞，进而提高政府工作效率提供了理论借鉴，加强了应急资金管理的理论研究。

理论方面：第一，使用信号博弈理论分析灾情核查与救灾监督问题的理论规律。"属地管理、分级负责"是我国灾害管理的一个基本原则，基层公务人员与上级政府之间的灾情报送工作尤为重要。但是，现有研究尚未涉及政府之间信息传递问题。在本研究中，一方面，考虑上级政府对于自身核查能力和实际的核查策略具有双重私人信息，将公布的核查策略作为信号，建立了关于灾情报送与核查的多阶段信号博弈模型，分析灾情谎报与核查管理问题背后的理论规律，为上级政府核查部门充分利用好信息优势，提供了理论借鉴。另一方面，考虑到救灾资金使用监督过程中基层公务人员对于自身是否具有自利倾向具有私人信息，建立了信息披露激励机制下救灾资金监督的信号博弈模型，分析了分离均衡的达成条件，为上级政府监督部门避免信息劣势提供了理论借鉴。第二，使用信号博弈理论与不完全信息的动态谈判理论分析政府募捐最优策略。灾害发生初期，灾区政府难以在短时间内完成灾害损失的评估和共享，因此在募捐初期政府与社会间出现了灾害损失信息不对称的问题，这导致社会力量短期内无法根据灾害实情决策是否进行捐赠。根据政府权威渠道发布的灾情和社会媒体的新闻报道，社会公众能够了解到灾害的实际损害，处于完全信息状态。考虑到灾情信息不对称条件下灾区政府社会募捐问题，本研究首次将信号博弈理论运用于社会募捐问题研究，构建了两阶段募捐问题的信号博弈模型，分析了政府救灾部门实现分离均衡的最佳募捐策略，为充分动员社会力量参与到救灾过程提供了理论借鉴；另外，在社会筹集物资的分配调拨问题中，考虑到定向捐赠物资对于灾害救援工作的双向影响，为充分考虑社会力量的捐赠诉求，建立了政府救灾部门与社会力量之间不完全信息下的动态谈判模型，分析了不同情境下定向捐赠比例的确定问题，为社会筹集物资的高效利用提供了理论借鉴。

实践方面：第一，为实践提供管理启示。我国现有灾害应急管理研究主要关注的是物资储备的宏观制度与体系建设层面，而对现实中亟须解决的应急救援资金被恶意挪用或私吞等关键问题的研究相对较少或较为滞后，这使得理论研究与实践研究严重脱节。本研究关注灾发初期上级政府监管部门与基层公务人员，以及政府救灾部门与受灾群众之间信息不对称的背景下加强救灾资金管理对政府提高应急响应能力、建立明确的应急资金管理模式具有重要的指导意义。第二，体现"应急为民、为民应急"的理念。灾后应急救援往往是由救援组织（政府或救援机构）、企业、社会等以推动方式进行的，由于灾害救援的参与者以及受灾人员在目标导向上具有一定的差异性，多方因利益诉求不同而导致行动目标不一致。本研究从应急为民的根本目的出发，以最大化利用政府和社会两种渠道的灾害救援资金为切入点，重点研究了政府间的灾情核查和政府与社会之间的募捐问题，体现了以人为本、重视应急响应效果的理念。

## 1.2　相关研究综述

### 1.2.1　灾害管理问题的内涵与内容

灾害应急管理指的是政府或者其他的救援组织在突发公共事件（包括自然灾害、生产事故、公共卫生事件和社会安全事件）中，通过建立必要的应对机制，采取一系列的必要措施，运用科学、技术和规划管理等手段，保障公众的生命和财产安全的相关活动（林琪、赵秋红、倪冬梅，2018）。《"十四五"国家应急体系规划》（国发〔2021〕36号）再次强调，我国应急建设的基本原则是"坚持党的领导""坚持社会共治"。因此我国的各项灾害管理活动主要在政府主导下统筹安排，并动员社会力量和市场机制广泛参与，起到协同共治的作用。从广义的角度，可以将灾害分为两种类型，即人为灾害和自然灾害。其中，人为灾害是指由于主观上的疏忽、技术上的不足，或蓄意破坏、伤害所导致的灾害，如交通事故（Cerulli et al.，2021）、生产安全事故（刘素霞等，2020）、核泄漏（Roumili et al.，2022）、恐怖袭击（武山松、刘德海、王雷，2020；李德龙、刘德海，2021）等。人为灾害具有较强的可预防性。而自然灾害包括洪水和暴雨等极端天气灾害（Regnier and MacKenzie，2019）、地震和泥石流等地质灾害（Nakayachi et al.，2019）、病毒或细菌引起的公共卫生事件（Nikolopoulos et al.，2020）等。突发灾害对社会以及公民的影响往往是物理与社会两相作用的结果。除自然环境、工程防御措施等外生因素导致的损失以外，人类社会对灾害的反应也会导致二次灾害，甚至是加剧灾害的负面影响。灾害的社会属性受到的关注程度开始逐渐超越自然属性本身所受到的关注程度（童星、张海波，2010）。因此在灾害管理的过程中，不仅要注重对物理因素等致灾因子的管理，还要重视灾害的社会属性管理。在物理因素方面，除了机械建筑等工程技术方面的研究以外，目前管理学界主要研究由灾害本身或运作环境的复杂性带来的挑战，如时间、地点、类型与规模的不可预测性；特异性救灾物资在短时间内出现大规模激增的需求突发性；物资、人力、技术等资源匮乏导致的救灾物资交付的风险等。由于运作环境的复杂性，灾害管理问题面临了异常多的挑战，Balcik 等（2010）认为灾害管理最主要的挑战在于灾害要素（包括时间、地点、类型与规模）的不可预测性、需求的突发性（多种物资的需求在短期内出现突发性的大规模激增）、准确与及时交付带来的高风险、资源（物资、人力、技术、运输能力、资金）匮乏。自然灾害的暴发往往难以避免，但是可以通过监测、预警和预防等手段极大程度上降低其所导致的损害。

根据《中华人民共和国突发事件应对法》中的相关规定，突发事件的管理工作包括预防与应急准备、监测与预警、应急处置与救援、事后恢复与重建等内容。学界围绕以上工作内容展开了大量的研究（Altay and Green，2006；Van Wassenhove，2006）。其中，预防和监测属于灾前缓解行动，具体包括应急仓库选址、应急物资提前存储、应急预案等。而响应和恢复属于灾后救援行动，重点是及时配送应急物资到灾区与灾民安置。灾害管理过程是一个循环过程，而任何一项管理工作的开展都离不开充足资金的支持，因此对于灾害救援资金的管理贯穿灾害管理的各个阶段。

灾前的预防措施可以缓解灾害带来的影响，尤其是对于一些不可避免的灾害类型，如地震、泥石流等地质灾害，以及洪水、飓风等极端天气灾害等。现有文献对灾前预防的研究主要可以分为基础设施建设、防灾、救灾资源配置，以及风险管理等三大类。在防灾基础设施建设方面，现有对防灾设置的研究，主要关注投资成本与灾害风险之间的权衡。在基础设施建设方面，Wang等（2019b）从实物期权定价的角度研究了不确定条件下防洪设施的投入问题，并利用水文统计模型和经济技术因素来评估洪水灾害中的预期经济损失，最终分析得出了不同再发概率下的最优防洪设施投资策略，证明了异于实物期权的方法可以为投资者提供更大的管理灵活性。而在防灾救灾资源配置方面，柴瑞瑞等（2016）使用斯塔克尔伯格模型研究了防范连续发生的人为灾害的资源调度问题，并结合新疆喀什地区重要城市反恐网络结构实例进行数值分析。曹策俊等（2019）运用双层整数规划模型研究了考虑灾民满意度风险可接受程度的救灾物资调度问题，并以汶川地震为算例验证了模型结论与求解算法的有效性和可行性。

灾害监测和预警在避免和减轻灾害上发挥着巨大的作用（Gupta et al.，2016），可以在极大程度上提高公众的警惕性和参与度，以最大限度地减少灾害损失。而成功进行灾害预警的前提在于对灾害的潜在信号进行捕捉分析，并成功将预警信号发送给公众。现有管理学界关注的灾害监测预警问题中，信号的类型可以分为物理信号、行为信号、信息信号等几类。物理信号是指通过物理手段（例如空气警报、道路交通信号灯、火灾警报、X光机等）传输的一种信号，通常表现为温度、风、光、声音、气压、振动等。其中，王建州和杨文栋（2019）使用孤立森林算法对空气质量指数进行离群点分析，建立空气质量预警系统，并通过5个城市的实际数据对预警效果进行了检验，验证了研究结论的有效性。Stavroglou 等（2021）提出了一种新的基于风险的决策方法，研究了天气物理信号（例如温度和降水数据）与每日新冠病例数之间的因果关系，从而实现每日病例趋势的预警，并基于真实数据对研究结论进行了验证。物理信号具有传播速度快、简洁明了的特点，但同时也具有携带信息量少的劣势，适用于有明确后果的灾害的监测预警。行为信号是指人类在灾害之中所表现出的信念和行为，例如疫情下的物资抢购、重大自然灾害中的疏散行为或特殊的言论等。刘德海和苏烨（2014）研究了针对社会舆情的群体性事件预警问题，并用优化方法分析了多种情境下的最优处置方案，研究发现，成功的群体性事件预警能够优化警力防御范围，改善应急响应效果。Fast 等（2018）基于计量理论设计了一个预警系统，该系统能够基于数字媒体或网络中的真实数据，应用异常检测算法来识别人们的行为，实现实时预测疾病暴发引起的恶性社会事件的暴发时间和恶劣程度。总体来说，相比于其他两种信号类型，行为信号本身在传播过程中往往伴随着较高的噪声，且携带信息隐晦，具有观测难度较高、分析程序复杂的特点。信息信号是文本消息、卫星图像、讯息警报或其他需要解释、分析的信息类型。Singh 等（2019）提出了一种基于马尔科夫模型的算法，根据网络社交媒体的用户发布的文本、语音、视频来确定洪水受灾者的位置与洪水的严重程度。

Nikolopoulos等（2020）提出了一种新的混合预测方法，以社会经济、气候、新冠病毒相关因素等信息作为预警信号来研究新冠疫情的预警问题，以帮助政府部门和供应链决策者做出更好的决策。与其他两种信号相比，信息信号有其独特的优势，在灾害预警中得到了广泛的应用。首先，信息信号的载体包括文本、图像或程序编码，它们可以携带大量警告信息并准确地提供灾害的时间、地点和强度以及其他详细的预警信息。其次，由于警告信号的标准化表达形式，社会组织或个人可以通过各种非官方渠道重新传播信息信号。因此，在社交媒体兴起的背景下，信息信号在灾害预警中有着更广泛的应用范围。通过对现有灾害预警研究文献的梳理，我们发现，虽然预警信号对于应急管理机构和公众共同应对灾害具有重要意义，但学术界对这一领域的一些重要问题还没有给予足够的重视。事实上，灾害的预警问题贯穿于灾害救援的各个阶段。尤其是在我国"政府主导—社会参与"的灾害管理模式下，不只是在灾害预警阶段，在救灾资金管理的分拨与募集阶段，也存在着象征政府核查能力的信号、象征地方救灾工作效果的信号、象征受灾情况的信号，以及政府对募捐物资操作效率的信号，如何根据实际救援情况发送适当的信号，以及如何精准识别信号是政府主导情境下亟须关注的重要问题。

灾害的响应是灾害救援工作的主要阶段，现有研究中，管理学界主要关注救灾物资调度、紧急疏散等方面的研究内容。灾害发生后，救援和医疗物资的及时配送和分发，对于降低灾害对灾民的影响、减少社会和人民群众的损失具有重要意义，在对救灾物资调度的研究中，现有研究主要关注突发灾害下需求不确定、自然环境和社会环境复杂等恶劣条件下的最优决策问题。其中，祁明亮、秦凯杰和赵琰（2014）针对灾害影响道路疏通能力的情况，使用混合整数规划模型研究了车辆和直升机联合的物资配送问题，并结合我国西北某地区的路网结构，对研究结论进行了验证。Eftekhar 等（2014）基于国际灾害救援组织提供的数据，使用线性规划模型计算了最佳救灾物资运输车队的规模。在此基础上，使用二次控制模型对不同场景需求下的最优运送策略进行分析，为灾害管理部门的策略拟定提供了理论借鉴。除了对救灾物资进行及时的运输调度以外，灾害中有效的疏散也是灾害救援中一项重要的工作内容。灾害疏散的研究内容包括疏散设施的建设、疏散路线的选择，以及避难所选址等研究内容。代文强、陈琳和章潇月（2022）建立了以最小拥塞概率为目标的机会约束模型，研究了道路容量不确定条件下基于可靠性的应急疏散路径规划问题，并通过仿真分析验证了方法的有效性和疏散路径方案的可靠性。

灾后的恢复和重建，其主要目标为恢复和重建房屋、道路和通信等基础设施。与灾后恢复与重建相关的研究可以分为以下三类：灾后损害评估、灾后余骸清理和基础设施维修。在灾后损害评估的研究中，王威等（2019）通过生命年损失理论改进了参数取值，建立了地震灾害损失的多模型评估方法，在此基础上建立线性回归、神经网络等多种模型。该方法减少了数据依赖并简化了评估流程。在灾后余骸清理的研究中，Hu 和 Sheu（2013）以最小化物流成本和运营风险为目标建立了多目标线性规划模型，提出了一种新型的灾害余骸清理的逆向物流系统。通过汶川地震的案例分析可知，该方法可以极大减少灾后余骸清理的物流成本。在基础设施维修的研究中，Aksu 和 Ozdamar（2014）以在灾后恢复过程中最大限度提高路网可达性为目标，建立了一个基于动态路径的数学规划模型，研究了有限资源下的路径修复问题，并基于伊斯坦布尔的路网数据对研究结论进行了验证。

充足的资金支持是有序开展预防、监测预警、响应和恢复重建等各项灾害管理工作的保障。救灾资金的来源主要分为政府部门拨款和社会募捐两大类（李瑞，2018）。在我国"政府主导—社会参与"的灾害管理模式下，两类救灾资金都由各级民政部门统筹管理。而资金使用的受益对象为受灾人民群众。对应灾害管理的各项活动，政府渠道的救灾资金广泛支持预防、监测预警、响应和恢复重建全阶段（孙开，2013）。而社会渠道的救灾资金则更关注于灾发之后的应对和重建，较少应用于灾前的预防和监测预警（Pedraza-Martinez and Van Wassenhove，2013；刘德海、赵宁，2020）。救灾资金的管理活动可以广义地划分为"投入—使用"两个阶段（魏云娇，2021）。救灾资金的投入和使用两个环节的管理逐渐得到政府管理机构的重视，《国务院办公厅关于印发国家综合防灾减灾规划（2016—2020年）的通知》（国办发〔2016〕104号）指出要完善防灾减灾救灾资金投入机制，拓宽资金投入渠道。2020年7月"自然灾害防治工作部际联席会议第二次会议"强调要"强化资金管理监督、提高使用绩效"（中华人民共和国应急管理部，2020）。而近年来，政府与社会两个渠道的救灾资金管理都面临严峻的考验。在政府资金管理方面，个别失职基层公务人员谎报灾情骗取物资，降低了政府救灾资金的投入效率，不仅如此，实际救援过程中，个别渎职基层公务人员也会伺机截留、挪用救灾资金，导致了办公资源的浪费；在社会资金管理方面，受个别渎职基层公务人员恶意募捐影响，社会力量捐助积极性被挫伤，社会资金筹集难度提升，而社会资金的使用过程中，是否接受定向捐赠也成了以政府为代表的救灾部门需要权衡的重要问题。鉴于当前管理学界对于以上问题尚缺少足够的关注，本书将对以上所提出的问题进行分析、研究。

综上所述，灾害管理既面临着人为因素导致的灾害，也面临着自然因素导致的灾害。灾害管理的过程包括准备预防、监测预警、响应和恢复重建等多项工作。灾害管理既包括对工程因素、自然因素等致灾因子的管理，也包括对社会环境、体制环境等人为因素的管理。如果对人为因素管理不当，很有可能会引发或加剧灾害的负面影响导致二次灾害的暴发。而充足的救灾资金是支持各项灾害管理工作顺利开展的重要保障，在我国"政府主导—社会参与"的灾害管理模式下，如何发挥政府主导的优越性，保证政府资金恰当分拨的同时，做好社会救灾物资的筹资，充分调动社会组织的积极性，是我国防灾、救灾体制改革所面临的重要问题。

## 1.2.2 政府渠道救灾资金管理问题的研究综述

在我国"政府主导—社会参与"的灾害管理模式下，来自各级财政的救灾资金是防范和化解各类公共风险的重要保障，在我国灾害管理体制之中发挥着不可或缺的重要作用（孙开，2013）。由于我国与西方发达国家的基本国情具有显著的差别，因此国内外学者对公共渠道应急资金的研究角度有所不同。在西方国家"强社会、弱政府"的管理模式下，灾害救援工作主要由慈善组织、国际救援组织以及非营利组织等承担。因此西方发达国家研究中主要关注慈善机构、社会组织等非政府组织在灾害救援过程中的资金分配问题。而以社会力量为主导的救灾模式与我国政府主导下的救灾模式在救灾资金问题上最大的差别就是，在社会力量主导的情境下，并没有政府机构雄厚的资金实力作为支持，救灾组织往往面临着不确定的资金来源，以及不确定的资金数量。因此，社会救灾组织对于有限资金的规划使用成为管理学界所重点关注的问题。Privett 和 Erhun（2011）使用委托代理模型研究了对灾害救援组织等非营利组织的资金监管问题。研究发现，对非营利组织的审计不仅会提高非营利部门对资金的使用效率，还会督促非营利部门与资金提供者合作以提升资金监管的效率。He 和 Zhuang（2016）使用两阶段动态规划模型，研究了事前防灾和事后救灾之间的资金分配问题，以优化备灾和救灾之间的资金配置问题。考虑到救灾组织需要从有限的财政资源中分配资金用于采购、运营和维护，Fard、Ljubic 和 Papier（2019）以最小化剥夺成本为目标，使用随机动态规划模型研究了预算不确定的背景下资产采购和运营决策的相互作用。研究发现，在大多数情况下集中式决策的采购方式优于分散决策的采购方式，预算不确定的负面作用可以通过灵活的节省分配得到降低。Fard、Ljubic 和 Papier（2021）使用两阶段随机优化模型研究了在资金预算不确定的背景下，国际救灾组织在各个国家之间的预算分配问题。研究发现，如果资金提供方允许国际救灾组织对资金进行自由分配，将极大提高国际救灾组织的资金使用效率。最后使用国际红十字会的数据验证发现，该文所提出的分配方法使预算效用提高了 3% 左右。

而在我国，政府部门作为灾害管理的主体，是防范和化解各类公共风险的重要资金保障。自 2003 年"非典"和 2008 年南方雪灾以及汶川地震后，应急财政管理问题受到了国内学界的重点关注。围绕如何构建应急财政的长效保证机制，国内学者从财政学、公共管理的角度对我国救灾财政体系的完善与构建，以及绩效评价进行了大量的研究。其中，冯俏彬、刘敏和侯东哲（2011）针对中央与基层公务人员之间财政救灾关系事权、财权混淆不清的问题，围绕救灾储备资金层级设置、央地救灾财权事权以及财政救灾的项目与标准等问题进行了制度设计的相关研究。孙开（2013）围绕我国当前阶段救灾资金管理中存在的问题和如何构建救灾资金长效保障机制，对政府救灾资金的分配和使用过程、各级政府间资金比例分担等问题进行了深入的探讨。崔军和杨琪（2013）基于财政支出绩效评价的"3E"原则，使用层次分析法对政府救灾资金支出绩效评价进行了研究，并通过模糊综合评价法对指标权重进行了确定，构建了政府救灾资金支出绩效评价体系。王泽彩和王敏（2020）针对我国应急财政体系建设中存在的财权事权不匹配、绩效评价缺失、各类救灾资金监管薄弱等问题，对改革创新我国救灾财政政策体系进行了研究探讨。当前阶段国内研究主要聚焦于政府救灾资金的体制建设与绩效评价，而对个别渎职基层公务人员瞒报谎报灾情以骗取救灾资金和救灾过程中资金的截留、挪用等问题，尚缺少从管理学角度切入的研究。对于灾害救援过程中瞒报谎报灾情引发的救灾资金骗取、截留、挪用等问题，管理学界尚缺乏关注。但是，生产安全中的瞒报谎报问题却得到了较为广泛的关注，为防止瞒报虚报事件的发生，现有研究主要进行安全生产事故中生产企业与监管机构之间的行为分析，体现在以下几类：第一类是事前预防，分析监管部门与生产企业之间的激励机制，督促地方企业加大生产安全投入，以防止安全生产事故的发生（张国兴，2013）；第二类是分析事后惩罚机制，研究安全事故发生后，在不同条件下整顿惩罚机制对生产企业所产生的影响（刘素霞等，2020）；第三类则关注于安全监管过程的研究，运用博弈模型分析不同外在因素监管效率的影响（张艳楠、孙绍荣，2016），也有学者关注了政府监管不力导致安监机构独立性降低，进而引发的生产安全问题（聂辉华、蒋敏杰，2011；Liu et al.，2015）。生产安全中的谎报更多是为了逃脱责罚，而灾害管理中的谎报更为复杂，不仅存在着瞒报以逃脱责罚的动机，也存在着虚报以套取钱物的动机。

综上所述，由于国内外防灾、减灾、救灾的主体不尽相同，因此对于灾害救援主体的资金管理问题关注对象也不同。西方国家主要关注慈善机构、社会组织等非政府组织在资金来源面对较高程度不确定性下的资金分配和审计问题。而目前国内对政府财政救灾资金的研究则集中于财政体系建设和绩效评价等方面，对救灾资金分拨前核查与救灾资金分拨后的监督问题尚缺少关注。

### 1.2.3　社会渠道救灾资金管理问题的研究综述

在我国"政府主导—社会参与"的灾害管理模式下，社会募捐是社会力量参与灾害救援最直接的方式。其重要性不仅体现在丰富的来源渠道（慈善组织、非政府组织、企业、个人）上，更在于社会募捐拥有着提供数量庞大、种类繁多救灾资金的潜力，可能远远超出政府的储备（Kovacs and Spens，2007）。灾害救援的社会捐赠问题一直以来受到经济学、运作管理和计算科学等多个领域的广泛关注（Toyasaki and Wakolbinger，2014）。现有研究大概可以分为两类：一类是采用计量经济学等实证研究方法，分析灾害救援社会募捐问题的影响因素，以及如何影响等方面的问题，意在回答"为什么"的问题；另一类则是采用优化、博弈等规范研究方法研究如何提高灾害救援社会募捐的募捐效果，意在解决"怎么办"的问题。

在实证研究方面，早期研究主要关注对影响社会力量捐赠意愿的关键因素的分析（Okten，2000）。Khanna和Sandler（2000）基于英国救灾组织1983—1990年的面板数据，对影响资源捐赠的决定性因素进行分析。研究发现，政府拨款的存在意味着救灾机构的活动将受到政府的监督，从而限制了社会力量的捐助意愿。Ribar（2002）基于125个国际救灾组织所提供的近20万份救灾募捐的面板数据，研究了社会捐赠背后的捐赠动机，发现在拥有庞大数量捐赠者的环境中，非纯粹的利他偏好不利于捐赠活动的开展。Oosterhof、Heuvelman和Peters（2009）基于社会认知理论、态度研究和媒体曝光的影响，构建了因果模型，对社会募捐潜在的认知因素进行分析。研究发现，既往救灾活动所获得的捐助总额和媒体曝光是影响社会捐助的关键因素，随着社会力量的逐渐壮大，灾害救援管理模式的发展和定向捐赠模式的出现也引起了运作管理学界的关注。Nunnenkamp和Öhler

（2012）基于美国慈善组织的历史数据，证明了定向捐赠对社会力量的捐赠意愿有正向的积极影响。Ryzhov、Han和Bradic（2016）以实证分析的方法研究非营利性组织如何调动募捐者的积极性。Fuchs、Martijn和Martin（2020）考虑区域文化的影响，对定向捐赠对社会力量捐助意愿的影响方式做了进一步的探索。研究发现，定向捐赠对社会力量捐赠意愿的影响在各国之间存在着实质性的差异。具体来说，定向捐赠的效果主要是激发捐赠意愿而不是单笔捐赠量。在自主性较低的国家，定向捐赠对捐赠意愿的激励效果较差。王海燕、费显政和王涯薇（2022）基于捐赠背景探究了选项数量对人们捐赠意愿的影响及其内在机制，通过4个实验发现，捐赠数额选项过多会降低捐赠方的捐赠意愿，为网络公益平台优化捐赠广告诉求效果提供了实践启示。刘新燕、张惠天和王璐（2023）基于捐赠决策过程和心理距离理论，探讨了受助者困境态度效价与心理距离对捐赠意愿的交互作用，通过5个实验研究发现，当个体与受助者心理距离较近时，人们会更愿意捐赠给呈现消极困境态度的受助者；反之，人们会更愿意捐赠给呈现积极困境态度的受助者。

在规范研究方面，学界围绕是否提供定向捐赠两种模式进行了大量的研究。在不考虑定向捐赠的传统募捐模式中，灾害救援社会募捐中的竞争性问题（Aldashev and Verdier，2010）和信息不对称问题对灾害救援募捐效率的影响受到较多的关注（Saxton and Zhuang，2013；刘德海、赵宁，2020）。在竞争性问题中，现有文献分别研究了捐助方之间存在竞争行为和救灾组织之间存在竞争行为对募捐筹资效果的影响。Castaneda、Garden和Thornton（2008）分析了生产性的捐助企业之间的竞争对非营利组织募捐行为的影响。研究结果表明，企业之间的竞争可以增加募捐资金的筹集，但是这种激励作用随着企业之间承诺能力的提高而降低。Aldashev和Verdier（2010）考虑救灾组织之间的异质性，建立了一个关于救灾组织之间募捐筹资的竞争性模型，分析了筹资水平和救灾组织数量之间的关系。研究表明，在市场规模一定的情况下，募资水平随救灾组织的数量增长而提高。如果市场规模是内生的，救灾物资间的合作会吸引新的捐助者，筹资水平会随着非政府组织的数量增加而下降。Schmitz（2021）进一步研究了救灾组织募捐时的竞争行为对社会力量捐赠行为的影响。研究发现，当救灾募捐机构处于竞争状态时，社会捐款的总额会增加。募捐行为的加剧吸引了新的捐赠者加入，并增加了整体募捐收益。然而，当市场规模不变时，救灾机构间的价格募捐竞争不会吸引新的捐款。Guo、Bi和Lv（2021）使用序贯博弈方法研究了捐赠者具有较高捐助意愿的情境下，募捐方的募捐目标设置，以及募捐模式的选择问题。Kotsi、Wu和Pedraza-Martinez（2022）采用案例分析与博弈论相结合的方法，通过对希腊西北部三个难民营的实地调查，从救助方的角度分析了实物援助和现金援助之间的权衡问题。

在信息不对称方面，现有研究主要关注如何在社会力量对救灾信息不了解的前提下，激发社会力量捐助意愿的问题。Saxton和Zhuang（2013）分析救灾组织信息披露对捐赠者的捐赠意愿影响。这项研究考虑了社会力量在捐助过程中的两个核心偏好——对影响力的渴望和对曝光率的渴望，社会力量根据不同救灾组织对这些偏好的满足程度在组织之间做出选择。研究发现，救灾组织的信息披露水平会对募捐筹资结果产生影响，救灾组织应该根据潜在捐赠者的类型制订适宜的信息披露计划。刘德海和赵宁（2020）考虑到在救灾募捐初期，社会力量无法知晓灾害的实际损失，进而影响捐赠决策，以灾区政府为信号发送方、社会力量为信号接收方，建立了灾区政府面向社会力量募捐的两阶段信号博弈模型，分别得出分离均衡和混同均衡的成立条件，分析了上级政府信息传递的路径，区分真正募捐与恶意募捐的行为，激发了公众捐助意愿。

随着灾害救援体系的日趋成熟与社会力量的逐步壮大，社会力量在灾害救援中的诉求显得越发重要。面对突发巨灾，一些灾害救援组织开始开展一种特殊的募捐活动——定向募捐，即按照捐赠者的意愿去分配所筹集到的救灾资金（Strom，2008）。但是，定向捐赠模式在激发社会力量捐赠意愿的同时，也浮现出了一定的弊端，比如受社会关注较多的地区募捐到了大量的救灾资金，但是被媒体忽视的受灾严重的地区无法募捐到救灾资金（Tomasini and Van Wassenhove，2009）。由于定向捐赠有着以上的负面影响，所以一些救灾组织开始拒绝接受定向捐赠（Pedraza-Martinez，Stapleton and Van Wassenhove，2011），比如无国界医生强烈地建议捐助方不要提供定向捐赠（Tomasini and Van Wassenhove，2009）。对于定向捐赠的研究，成为当今运作管理学界所关注的热点问题。现有定向募捐的研究主要关注以下两方面的问题：定向捐赠模式对救灾组织的影响（Pedraza-Martinez and Van Wassenhove，2013；Besiou，Pedraza-Martinez，and Van Wassenhove，2014；Bhattacharya，Hasija and Van Wassenhove，2015）和救灾组织是否应该开展定向募捐（Toyasaki and Wakolbinger，2014；Aflaki and Pedraza-Martinez，2016）。在定向募捐对救灾组织影响方面，Pedraza-Martinez 和 Van Wassenhove（2013）使用委托代理模型研究了定向捐赠对灾害救援成本的影响。研究发现，由于定向捐赠模式下救灾机构总部和一线救灾部门之间存在着激励错位问题，所以定向捐赠项目的开展增加了救灾过程中的车辆运营成本。Besiou、Pedraza-Martinez 和 Van Wassenhove（2014）研究了定向捐赠对灾害救援组织反应时间的影响。研究发现，由于定向捐赠中存在对救灾资源的限制，救灾组织需要为运输付出更多的时间成本，因此定向捐赠增加了救灾组织应对灾害的反应时间。Bhattacharya、Hasija 和 Van

Wassenhove（2015）研究了在定向捐赠机制制约下，救灾组织之间的资金再分配问题。研究表明，允许募捐资金之间的灵活转移，会比不存在这种灵活性时产生更多的社会福利，从而提高了社会募捐系统的效率。考虑到目前后方救灾组织间关于救灾目的不一致和地理因素导致的信息不对称，Pedraza-Martinez、Hasija 和 Van Wassenhove（2020）使用委托代理模型研究了在定向捐赠导致灾害救援运输成本提高的背景下对前方救灾部门的激励机制设计问题，研究发现逆向选择问题中支付信息租金达成激励相容的标准结果在该问题中并不成立，并进一步讨论了解决方案。Feyza 等（2021）从受捐者的捐赠类型偏好，以及受捐地区的经济水平等角度切入，研究了不同情境下的捐赠模式选择问题。

在分析是否应该开启定向募捐方面，Toyasaki 和 Wakolbinger（2014）使用博弈论模型对是否提供定向捐赠灾害救援机构的筹资水平和操作效率的信息进行了详尽的分析。研究结果表明，当社会力量对灾害救援组织募捐计划的捐助意愿较低时，提供定向捐赠会提高救灾组织的筹资水平。如果灾害救援社会力量对募捐计划本身具有较高的捐助意愿，提供定向捐赠会对救灾组织的救灾效果产生负面影响。Aflaki 和 Pedraza-Martinez（2016）分析了社会募捐问题中是否提供定向募捐和运作绩效之间的权衡问题，建立了基于报童框架的博弈模型，分析了救灾组织与捐赠者之间的策略互动。研究发现，当捐赠者对灾害所需物资的数量更不确定时，救灾组织对救灾物资的操作效率对其救灾效率影响更大。增加非定向捐款可提高救灾组织的运作效率，从而减轻捐款不确定性对救灾组织效用函数的影响。

综上所述，当前学界对募捐问题研究主要以人道主义组织或非政府组织为中心。根据《中华人民共和国慈善法》（2016年）中关于我国慈善救灾管理权限的规定，我国慈善救灾活动应该在民政部主管下进行。我国救灾资源配置方式是"党委领导、政府主导",未来要"更加注重组织动员社会力量广泛参与",这是我国政府主导灾害募捐问题区别于国际主流期刊关注非政府组织主导募捐问题的核心特征。而政府机构在灾害救援社会募捐中的作用尚未得到学界的广泛关注。

### 1.2.4 博弈论在灾害管理问题中的应用

博弈论又名对策论、游戏理论,用于研究决策过程。在这个过程中,决策主体(人或组织)的决策,会受到该主体之外的其他决策主体的影响,并且决策主体的决策行为又会随之影响到其他决策主体的决策和均衡问题(Aghassi,Bertsimas,and Perakis,2006)。博弈论在现代数学、运筹学、金融学、生物学、经济学、计算机科学、管理科学与工程、政治学等多学科都有着广泛应用。博弈论的研究始于John von Neumann和Oskar Morgenstern(1944)。此后,Nash进一步奠定了一般化的基础,给出了纳什均衡的概念和均衡存在定理(Nash,1950a;Nash,1951)。

博弈论为分析与解决人类社会中的冲突与合作问题,提供了良好的切入点和数学工具。在灾害管理过程中,参与方众多,包括政府救灾部门、社会救灾团体、受灾群众、致灾势力等。由于众多参与方在灾害管理过程中的动机和目的各不相同,因此各个参与方之间既存在着对立关系,也存在合作关系。灾害管理过程中的对立关系主要有以下两种情况,一种是人为灾害中灾害救援部门与造成灾害的一方之间的冲突,例如在人为灾害的恐怖袭击应对中,防御方的政府部门与恐怖组织之间构成明显的对立关系。Bakshi和Pinker(2018)研究了"狼哭"效应下反恐预警的信息发布问题。武山松、刘德海和王雷(2020)针对恐怖袭击分裂化、独狼化的特点,建立了基于莫兰过程的随机演化博弈模型,研究了恐怖组织分裂化、独狼化特点下的政府决策问题。另一种是灾害救援部门之间的对立和冲突。在我国"政府主导—社会参与"的灾害管理模式下，各级政府部门是灾害应对的主体，其中上级政府部门主要负责灾情救援的宏观部署、核查监督、资金提供等问题，基层公务人员负责一线的救援工作。两级政府之间直接构成了监督与被监督，管控与被管控的关系。由于少数基层公务人员在灾害救援过程中存在着自利动机和投机倾向，可能谎报灾情骗取救灾物资或者在灾害救援过程中截留救灾资金、挪用救灾钱款，所以上级政府部门与地方政府部门之间存在着救灾目的不一致、冲突进一步加剧的情况，而当前学界对这类政府部门之间的冲突尚缺少关注。

除此之外，灾害管理的各个参与方之间还存在着多种合作关系，既包括政府部门之间的合作，也包括救灾团体之间的合作，还包括政府部门与社会力量之间的合作。在政府部门之间的合作方面，Hong（2021）使用传统博弈研究了政府部门之间灾害信息数据库互操作性的兼容问题，为推进政府灾害管理部门之间的协同提供了管理启示。在救灾团体之间的合作方面，Ergun（2014）使用合作博弈模型研究了国际救灾组织之间在灾害救援过程中促成合作的成本收益分配方案，并基于海地地震中的真实案例，对研究结论进行了验证。而对于政府部门与社会力量之间在灾害救援过程中的合作问题，管理学界当前的研究主要聚焦于救灾物资的储备，如对在不同管理背景下使用微分博弈促成政企合作进行救灾物资储备的探究（赵黎明、李聪、郭祥，2018），对政企合作救灾模式下外生冲击影响的分析（杨曼、刘德海，2022），以及使用委托代理模型对于政企合作进行救灾物资储备激励机制的探究（刘阳、田军、冯耕中，2020）。现有应用博弈对政府与社会力量之间合作关系的研究，较多关注商业基础上的物资储备模式与激励问题，而对于可以极大发挥社会力量所持物资多样性与灵活性的政府主导下的救灾募捐问题，尚缺少关注。

信号博弈最早由Spence提出并论证（Spence，1973），是研究信息传递特征的动态博弈。信号博弈的基本特征是有两个（或两类，每类又有若干个）博弈方，分别称为信号发出方（sender）和信号接收方（receiver）。他们先后选择一次行为，其中信号接收方具有不完全信息，但他们可以从信号发出方的行为中获得部分信息，信号发出方的行为对信号接收方来说是一种（以某种方式）反映其有关博弈信息的信号，这也正是这类博弈被称为"信号博弈"的原因。早期的信号博弈研究主要聚焦于单维度信号对于单一种类不确定信息的反应，如Spence（1973）研究的劳动市场中劳动者能力的信息传递问题。后来学界逐渐关注多维度信号对于单一种类不确定信息的反应，Arnott和Stiglitz（1991）研究了通过保险价格与赔偿金额二维信号对参保人健康状况进行甄别的问题，通过二维信号传递信息的方法也在产品质量传递问题汇总中得到了拓展（Yu，Kapuscinski，and Ahn，2015；Chen and Liu，2022）。Armstrong研究了多维度不确定信息的甄别问题，并从供应链问题中对生产成本和货品需求双重信息不对称的情境举例进行分析（Armstrong，1999a；Armstrong and Rochet，1999b）。目前信号博弈模型的相关研究适用于诸多领域，如企业激励决策（姚佩怡、姚正海，2018；赵瑞娟、周建亨，2022）、供应链管理（Yu，Kapuscinski，and Ahn，2015；Wang et al.，2019b；Zhen et al.，2019）、应急管理（Zhuang and Alagoz，2010；Welburn，Grana，and Schwindt，2022）、信贷融资（李莉、高洪利、陈靖涵，2015；Chakraborty，2021）等经济管理领域。信号博弈的研究主要可以分为以下三类：第一类是信息传递研究（signaling），第二类是信息甄别研究（screening），第三种是近年来兴起的、站在信息优势方视角以利用信息优势为目的的信号博弈研究。

信息传递研究起源较早（Spence，1973），这类研究站在高能力信息优势方的视角，通过设置使低能力方无法模仿高能力方的策略，以实现对两种类型的分离（李莉、高洪利、陈靖涵，2015；Yu，Kapuscinski，and Ahn，2015；Zhen et al.，2019； Chen and Liu，2022）。其中，李莉、高洪利和陈靖涵（2015）研究了在中国市场弱有效性且信用体系不健全的背景下，高科技企业信贷融资的信息传递问题。Yu、Kapuscinski和Ahn（2015）研究了产品预售阶段，消费者无法获知产品的预售定价与定量的问题，该研究通过产品预售量和产品价格两种信息共同作为产品质量的信息来传递信号。Zhen等（2019）研究了短生命周期的新产品（如电影、书籍、游戏和音乐）的信息传递问题，使用两阶段警告信号模型，从理论上证明了羊群效应和口碑效应影响分离（信号质量）和汇集（隐藏质量信息）均衡的存在。Chen和Liu（2022）将广告制作成本与广告屏蔽成本作为二维信号，以减少观看者屏蔽为目的，研究了广告本身的质量信息传递问题。在政府主导的募捐问题中，政府难以在初期向公众传递实际的灾害损失，难以激发公众的捐赠意愿。以上对于信息传递问题的研究，为受灾初期政府募捐的灾情传递问题提供了研究思路。

信息甄别研究（screening）是站在信息劣势方的视角，通过调整信息劣势方的策略，使高低两种能力的信息优势方做出不同的策略响应，以实现对两种类型的甄别（姚佩怡、姚正海，2018；Chen and Li，2018；孙彤、薛爽，2019；Wang et al.，2019b）。其中，姚佩怡和姚正海（2018）将行为金融学中时间不一致性概念作为划分员工类型的依据，并以此建立信号博弈模型，分析了员工类型甄别的薪资设计方案。Chen和Li（2018）提出了委托人在提供合同之前做出预先筛查的构想，研究了委托人处于信息劣势下的两阶段信息甄别问题。孙彤和薛爽（2019）构建了企业外部监督者与高管之间的信号博弈模型，同时考虑监督、激励和信息披露之间的互动，分析外部监管对高管自利行为的有效监督机制。Wang等（2019b）研究了当经销商对于实际需求和自身预测能力具有二维私人信息时，制造商的信息甄别策略与合约设计问题。在上级政府的救灾监督问题中，上级政府无法获知基层公务人员的具体类型，即在执行工作过程中是否具有自利动机，而以上关于信息甄别问题的研究，可以为上级政府在信息劣势下的救灾物资使用监督问题提供研究思路。

而信号博弈研究近年来刚刚兴起，目前涉及文献较少。这类研究目的在于分析混同状态下最大化信息优势方收益的策略（Zhuang，2012；李德龙、刘德海，2022；Welburn，Grana，and Schwindt，2022）。其中，Zhuang（2012）研究了防御方在自身防御策略具有信息优势背景下，多阶段的反恐防御策略部署与信号发布问题。该研究主要探寻多阶段背景下，防御方可以利用信息优势对恐怖袭击方进行迷惑的策略占优条件。李德龙和刘德海（2022）以地铁安检部门对于自身安检效率具有私人信息为基础，建立了考虑袭击者情绪的涉恐防暴安检信号博弈模型，得到了兼顾效率与安全的三条精炼贝叶斯纳什均衡路径和安检部门的最优信号发布策略，该研究主要目的在于分析安检部门可以利用自身信息优势的条件。Welburn、Grana和Schwindt（2022）研究了网络安全防御中，防御方以自身实际防御能力为信息优势，将报复能力作为信号，对攻击者的威慑策略。在上级政府主导的灾情核查问题中，上级政府受制于时间和办公资源的多重限制，难以在短时间内提升核查能力，给个别渎职基层公务人员谎报灾情伺机敛财提供了可乘之机。而考虑到上级政府对于自身核查能力和实际采取的策略具有多重私人信息，以上关于信息优势利用的研究，为上级政府部门受到时间和人力双重约束下的灾情核查问题，提供了研究思路。

当前，正如《中共中央 国务院关于推进防灾减灾救灾体制机制改革的意见》所指出的，"当前防灾减灾救灾体制机制有待完善，灾害信息共享和防灾减灾救灾资源统筹不足"，在我国政府主导的灾害救援模式下，存在着一系列信息不对称问题，这不仅给了个别渎职基层公务人员滥用救灾资金以可乘之机，也影响了社会捐赠的积极性。在灾害救援过程中，无论是上级政府与基层公务人员，还是政府与社会力量之间都存在着不同程度、不同类型的信息不对称。就灾情核查机制来看，负责核查工作的上级政府对自身的核查能力和实际采取的策略具有双重信息优势，这种信息优势给了上级政府释放高强度核查信号震慑基层公务人员提供了理论上的可能；而在实际的灾害救援过程中，负责监督的上级政府部门无法获知基层公务人员是否具有自利倾向，在上级政府处于信息劣势方的背景下，如何更好地制定救灾监督策略，以实现对自利型基层公务人员的信息甄别，也是我国现代体制改革中面临的重要问题。尽管当前大数据、区块链等新技术在政府部门的应用日益广泛，极大程度上解决了系统集成度差导致的信息分享不畅问题（Guo，Liu，and Nault，2021），但是新技术自身存在着一定的应用局限，如灾情研判、搜集困难所导致的信息滞后性仍无法解决（刘德海、赵宁，2020），我国基层政府部门配套架构不够完善、专业能力不足（冯轶，2021），以及相关的受灾群众个人隐私保护问题（Pawlick，Colbert，and Zhu，2018；狄振鹏、姜士伟，2022）。在技术层面以外，个别渎职基层公务人员单方偏离所造成的信息报送名不副实的问题仍然存在（魏云娇，2021）。在技术应用遇到壁垒的背景下，信号博弈理论为以上问题的分析和解决提供了良好的切入点和思路。因此，本书从决策机制层面研究如何克服信息不对称对政府拨款和募捐的阻碍。

谈判问题是博弈论的一个重要分支。根据谈判是否被视为一个连续过程，现有谈判理论相关研究可以分为以下两类：公理化方法和策略式方法（Rubinstein，1982）。其中，纳什通过给出一组关于预期结果和可行解的集合之间关系的公理，建立了谈判的公理化模型（Nash，1950b）。后来，纳什在许多方面扩展了其原始文章，最重要的扩展是提出了一个具体的策略式模型（Nash，1953）。通过将谈判过程建模为一系列报价和还价的策略集合，策略方法的均衡不仅是可行集的函数，而且是程序规则和各方时间偏好的函数。Stähl（1972）首先研究了轮流报价的过程，他通过在有限期谈判中使用逆向归纳法研究了此类动态谈判模型的子博弈完美均衡。Rubinstein（1982）首先研究了无限期的轮流报价的谈判模型，并给出了唯一子博弈完美均衡地存在的平稳性条件。而在我国政府主导的社会募捐问题中，是否接受社会力量的定向捐赠以及如何确定定向捐赠在全部受捐物资中所占比例是政府救灾部门在募捐问题中所面临的难题。考虑到社会力量在灾害救援过程中有自己的诉求，政府单方决策所得的定向捐赠比例未必会被作为捐赠方的社会力量采纳接受。在时间偏好的影响下，政府与社会部门之间如何尽快达成协议，避免因时间延误而导致灾害救援效果的降低，是本书要解决的问题之一，而动态谈判理论为解决该问题提供了良好的思路。

博弈论为分析与解决人类社会中的冲突与合作问题，提供了良好的切入点和数学工具。当前国内外学者针对灾害救援中的冲突、合作问题运用博弈论展开大量研究，如攻防博弈中的策略制定、救灾合作的达成条件与收益分配等问题。但是，在我国以政府为主导的灾害管理模式中，上级政府与基层公务人员、政府与社会之间都存在着信息不对称，这影响了政府主导优势的发挥和社会力量的参与的积极性。而大数据、区块链、人工智能等擅长解决效率问题的新技术，也难以彻底解决这种由于个别渎职基层公务人员刻意隐瞒和数据搜集研判慢所导致的信息不对称问题。本书从机制决策入手，以信号博弈方法为主、动态谈判方法为补充，研究了"政府主导—社会参与"模式下的资金管理问题，为管理实践提供了理论借鉴。

### 1.2.5　相关研究总结

灾害应急管理属于进入 21 世纪以来管理科学的新兴研究领域，当前学界围绕灾前预防监测、灾中救援、灾后重建等问题展开了大量研究，为本研究奠定了重要基础。下面将从两个方面总结本研究区别于现有研究的主要特点和贡献。

（1）政府渠道救灾资金管理方面

与西方国家以慈善组织、非政府组织、社会组织等力量充当灾害救援主要角色的体制不同，我国灾害管理工作在政府主导的前提下开展。当前西方发达国家对救灾部门资金管理的研究主要聚焦于社会力量面对资金来源的巨大不确定性以及如何进行救灾资金的分配以实现效率最优，国内研究主要聚焦于如何完善财政应急资金体系建设和财政资金体系绩效评价等方面。但是，当前个别渎职基层公务人员谎报灾情骗取救灾资金，甚至在灾害救援过程中截留、挪用救灾资金的私利行为时有发生。这类负面现象不仅是对政府资源的浪费，更会严重损害政府公信力。但是，当前管理科学领域对此仍然缺少关注。究其原因，首先，灾害管理属于新兴研究领域（Gupta et al., 2016），尤其是我国"政府主导—社会参与"的灾害救援模式仍处在探索阶段（刘德海，2018）。其次，在西方发达国家以社会力量和市场机制为主导的灾害救援模式下，国外现有文献集中关注于非营利组织的资金效率优化和应急供应链等问题（Besiou and Van Wassenhove，2020）。最后，国内文献大多从法治或公共管理的角度进行研究，而尚未从管理科学角度研究救灾资金监督和核查的问题（詹承豫，2021）。正如前文所提到的，政府救灾拨款管理中的信息不对称问题，主要由个别渎职基层公务人员动机偏离、不配合和蓄意瞒报所导致，即便应用新兴信息技术可以在一定程度上提高信息分享效率，但是也很难规制个别渎职基层公务人员具有高隐蔽性的行为。因此，本书从机制决策的角度出发，借鉴信号博弈研究中利用信息优势的研究思路（Zhuang，2012），进一步考虑了政府核查部门与个别渎职基层公务人员之间非零和博弈的特征，建立了上级政府部门具有信息优势情况下灾情核查的信号博弈模型；借鉴劣势方实现信息甄别的研究思路（姚佩怡、姚正海，2018；孙彤、薛爽，2019；Wang et al.，2019b），建立了救灾监督的信号博弈模型，为完善我国防灾减灾体制、发挥政府主导的优越性提供了管理启示。

（2）社会渠道救灾资金管理方面

根据《中央自然灾害救灾资金管理暂行办法》《救灾捐赠管理办法》等法律法规中的相关要求，我国救灾募捐活动只有县级以上政府部门及其委托的机构可以开展。政府主导是我国灾害救援社会募捐区别于西方发达国家的典型特征。而当前国外研究主要关注社会力量主导情境下影响捐赠方捐赠意愿的因素分析、募捐模式分析以及募捐物资的分配等问题。同样，由于灾害管理研究领域起步较晚、国内已研究关注的灾害管理主体不同等原因，我国政府主导情境下的社会募捐问题尚没有引起管理科学的关注。而在政府主导的社会募捐问题中，关于灾害损失和物资需求、政府救灾物资操作效率等信息的不对称问题，并不是由数据共享本身所导致的，即便应用新兴数据技术可以很大程度上提高灾害信息分享效率，但是也无法改变由于灾发前期相关信息研判复杂、收集和整理困难所导致的信息不对称。因此，本书从机制决策的角度出发，借鉴信息传递的研究思路（Yu，Kapuscinski，and Ahn，2015），进一步考虑灾害救援中社会力量初期不确定灾害损失、后期逐渐获知的两阶段特征，建立了政府募捐信息发布的信息传递博弈模型。借鉴 Aflaki 和 Pedraza-Martinez（2016）以及 Pedraza-Martinez、Hasija 和 Van Wassenhove（2020）对定向捐赠比例分配的研究，进一步考虑政府和社会力量之间对物资操作效率的信息不对称，并将比例内生化为政府与社会力量之间协商谈判的结果，建立了定向捐赠物资分配的不完全信息序贯博弈模型。本书重点分析了募捐信息的发布和募捐物资使用权限的分配两个问题，意在为在灾害救援过程中充分激发社会力量积极性、引导社会力量积极参与提供管理启示。

## 1.3 研究框架与创新点

本研究基于突发事件应急管理主体，即政府部门和相关组织应对突发事件的需求考虑，从加强灾害救援资金管理的角度出发，按照"提出问题—分析问题—解决问题"的逻辑思路，进行影响因素分析与最优策略研究，并运用案例分析和数值分析的方法，检验应用价值。

### 1.3.1 研究目的

本研究以优化政府对救灾物资的拨付与募捐效果为主要目的，关注政府和社会两种来源的救灾资金，考虑不同救灾资金在"筹集—使用"管理过程中所面临的不同的信息不对称情境，构建了信息不对称背景下救灾资金拨款与募捐管理问题的博弈论分析框架。

第2章通过明确研究边界、分析研究对象及其之间的博弈关系等，为建模分析做准备，提炼灾害资金管理问题中各参与主体的管理特征；第3章以加强灾情审核、避免个别渎职基层公务人员谎报灾情骗取救灾物资为目的，对上级政府如何利用信息优势做好灾情核查进行研究，为如何遏制个别渎职基层公务人员谎报灾情骗取救灾物资的行为提供管理启示；第4章以加强灾情审核、避免个别渎职基层公务人员谎报灾情骗取救灾物资为目的，对上级政府在信息劣势下的救灾物资使用监督问题进行研究，为如何实现对个别渎职基层公务人员截留、挪用救灾资金的精准监督提供管理启示；第5章以在社会力量不知晓灾害损失的背景下，政府部门通过募捐策略实现信息传递、激发社会力量捐助积极性为目的，对于灾情未公布情况下的政府最优募捐策略进行研究，为在面向社会开展募捐过程中，如何发布募捐策略以传递真实灾情提供管理启示；第6章以在救灾部门物资操作效率信息不对称情境下最大化社会募捐物资救灾效果为研究目的，研究了政府募捐过程中对定向捐赠比例的分配问题，为如何分配募捐救灾物资的操作权限提供了管理启示。

## 1.3.2　研究方法

《中共中央 国务院关于推进防灾减灾救灾体制机制改革的意见》指出，"当前防灾减灾救灾体制机制有待完善，灾害信息共享和防灾减灾救灾资源统筹不足"。如何解决这种信息不对称给政府工作带来的困难，是灾害管理中的难题。更重要的是，拨款与募捐问题中的信息不对称性主要产生原因在于灾情研判、搜集所导致的信息滞后性（刘德海、赵宁，2020），我国基层政府部门数据设施建设与人员培养的不充分性（冯轶，2021），以及个别渎职基层公务人员行动的隐蔽性（魏云娇，2021）。这种信息不对称问题难以通过大数据、区块链等新技术进行解决。而在技术应用遇到壁垒的背景下，信号博弈理论为以上问题的分析和解决提供了良好的切入点和思路。本书采用以信号博弈为主的研究方法对"政府主导—社会参与"救灾模式下拨款和募捐问题加以研究，具体研究方法如下：

在上级政府灾情核查策略研究中，采用了以利用信息优势为目的、多阶段离散策略的信号博弈。就灾情核查机制来看，负责核查工作的上级政府对自身的核查能力和实际采取的策略具有双重信息优势，这种信息优势给上级政府释放高强度核查信号震慑个别渎职基层公务人员提供了理论上的可能，再考虑到灾情核查的往复性，基层公务人员又可以根据核查结果更新上级政府的信息，基于此背景，建立了上级政府多阶段灾情核查策略的信号博弈模型。

在上级政府救灾监督策略研究中，采用了以实现信息甄别为目的、离散策略的信息甄别博弈模型。考虑到上级政府是信息劣势方，无法获知基层公务人员是否具有自利倾向，并根据基层公务人员信息披露质量制定监督策略的特点，分别建立了不考虑信息披露激励机制和考虑信息披露激励机制的信息甄别模型。

考虑到在救灾初期数据研判、搜集困难情况下，社会力量无法获知灾害的实际损失，而随着灾情信息披露，社会力量可以在后期获知灾情实际损失的特点，建立了政府救灾募捐策略的两阶段信号博弈模型。

在定向捐赠比例分配研究中，使用不完全信息下的序贯博弈和动态谈判博弈进行研究。考虑到作为募捐方的政府与作为捐赠方的社会部门只有尽快达成协议、避免因时间延误而导致灾害救援效果降低的共同意愿，建立了不完全信息下募捐物资比例分配的序贯博弈模型和动态谈判模型。

### 1.3.3　研究内容

本书主要包括以下5个方面的研究内容：

（1）"政府主导—社会参与"情境下救灾资金管理的科学问题分析。首先，概述了我国"政府主导—社会参与"灾害管理模式下，政府、社会、灾民等相关主体各自的特征以及彼此之间的关系；然后，分析了我国灾害管理模式下，在管理目标和资源配置方面区别于欧美发达国家的主要特征；最后，分析了政府与社会力量两种渠道的救灾资金在从供给到使用管理过程中的管理难点和科学使用问题。

（2）基于信号博弈的上级政府多阶段灾情核查策略研究。针对现实中个别渎职基层公务人员谎报灾情以骗取救灾资金的现象，考虑灾害具有突发性、往复性，以及上级政府对自身灾情核查能力、核查策略具有双重信息优势的特点，通过信号博弈理论分析研究上级政府的最优核查策略。首先，分析了单阶段灾情核查中影响两级政府决策行为的关键影响因素，进而在灾情核查时效性的基础上，分析了上级政府的最优核查策略。其次，分析了考虑灾情往复性背景下多周期灾情核查中上级政府核查策略的有效性。最后，选取辽宁省2012年"8·4"洪水瞒报事件作为案例，以事实为基础、辅以情境分析的方法，对结论影响较大且难以观测或量化的变量进行敏感性分析。为解决灾情谎报屡见不鲜的问题提供理论借鉴，确保救灾资金分拨到亟须救助的灾区，避免发生谎报灾情套取救灾资金的恶劣行为。图1-4为本书结构图。

（3）基于信号博弈的上级政府救灾监督甄别策略研究。考虑到基层公务人员对自身是否具有自利动机拥有信息优势，建立了救灾资金使用监督的信息甄别模型。首先，研究了在不考虑信息披露激励的传统监管机制下的监督效果，并分析了监管混乱的原因。其次，研究了信息披露激励机制下，上级政府实现信息甄别的决策条件。最后，鉴于救灾监督问题公开数据资料匮乏，采用数值分析的方法，对重要参数进行了灵敏度分析，丰富了研究结论，为上级政府在不同情境下最优核查策略的选择提供了理论借鉴。

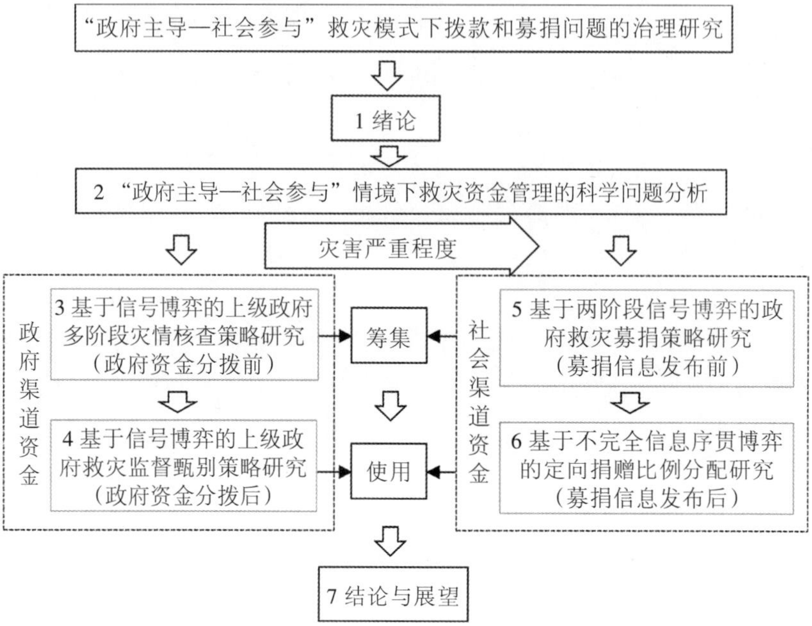

图1-4　本书结构图

（4）基于两阶段信号博弈的政府救灾募捐策略研究。考虑到灾发初期，灾区政府难以在短时间内完成灾害损失的评估和共享，导致社会无法知晓灾害损失信息，进而阻碍了捐助决策的问题，建立了灾区政府以实现信息传递为目的、将对募捐物资的数量和质量需求作为信号、面向社会力量募捐的两阶段信号博弈模型。分别研究了信息透明背景下的募捐策略和信息不对称背景下的募捐策略，并得出分离均衡和混同均衡。最后，用数值分析的方法对重要参数进行敏感性分析。在灾情信息不充分的情况下，为重灾区如何制定募捐信息发布策略以实现信息传递，进而向公众传达真实的受灾信息提供了理论借鉴。

（5）基于不完全信息序贯博弈的定向捐赠比例分配研究。考虑到社会力量无法获知政府部门关于救灾物资操作效率的具体信息，并且定向捐赠本身在激发社会力量捐助意愿潜力的同时，也会对政府救灾部门的操作效率产生负面影响。研究社会募捐信息数量、质量要求发布后，如何分配募捐物资的操作权限，以在保证实现救灾效果的同时进一步激发社会力量捐助意愿的问题。首先，研究了不完全信息下政府单独决定定向捐赠物资比例的基础情境。其次，分析了政府部门进行信息披露以打破信息壁垒决定定向捐赠比例和与社会力量开启谈判、协商定向捐赠比例两种模式下的救灾效果。最后，以数值分析的方法对重要参数进行敏感性分析，为政府部门社会募捐过程中关于定向捐赠物资比例的确定提供了理论借鉴。

### 1.3.4 技术路线

本研究按照"提出问题—分析问题—解决问题、验证问题"的逻辑展开。图1-5为本研究技术路线图。

### 1.3.5 主要创新点

在我国"政府主导—社会参与"的灾害管理模式下，来自政府和社会两个渠道的救灾资金从筹集到使用的过程中，都面临着信息不对称所带来的负面影响。但是，当前管理学界对灾害管理的研究主要聚焦于预防、监测、救援、恢复等过程，而对支撑各个灾害管理过程的救灾资金的管理问题鲜有涉及。本书主要做出以下4点创新性工作。

第一，在政府救灾资金投入前的灾情核查过程中，个别渎职基层公务人员谎报灾情以骗取救灾物资的恶性事件时有发生。一方面，灾害救援时间紧迫，分秒必争，另一方面，在短期内上级政府难以提升人员和设备的办公能力，这两方面的限制给上级政府对灾情的精准核查造成了极大挑战。而传统视角的行政管理和法治角度

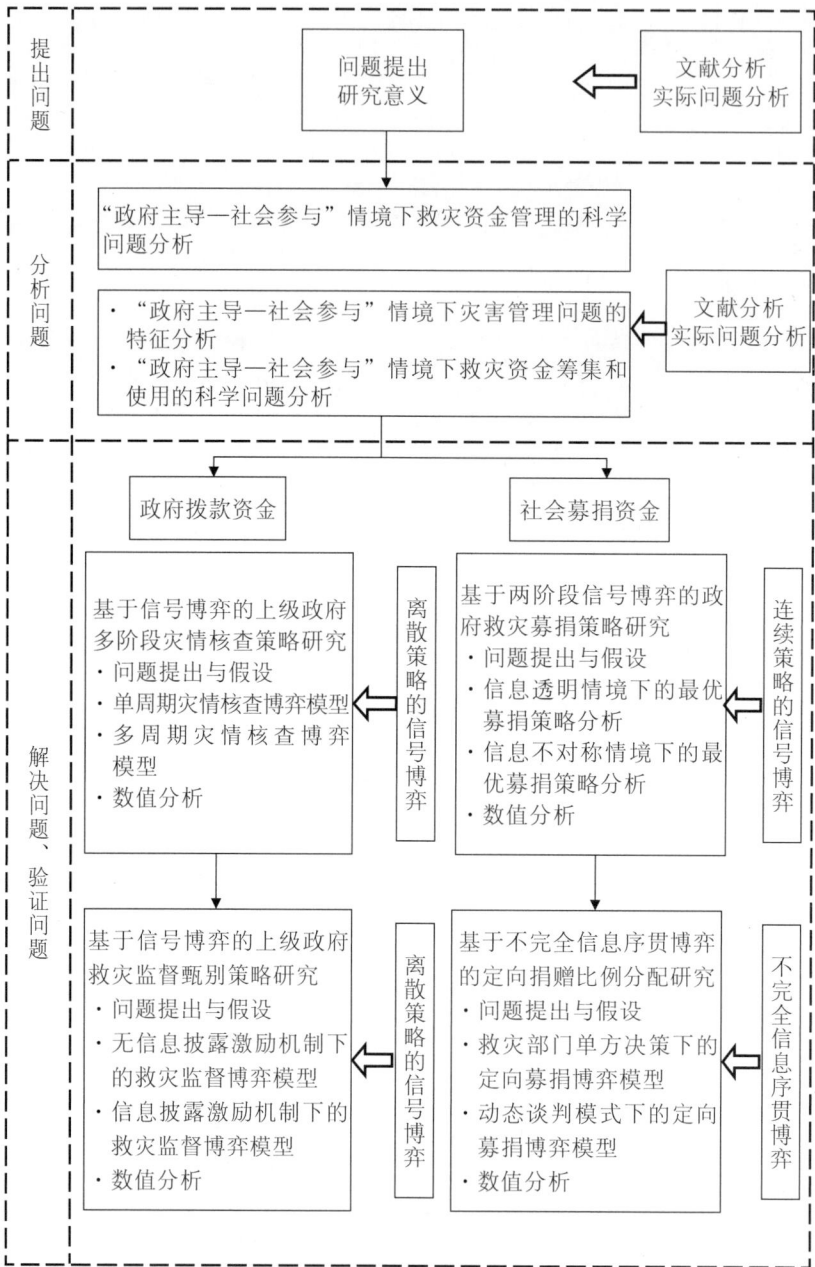

图 1-5　本研究技术路线图

的研究无法解决上级政府核查工作因时间紧迫难以开展的问题。在此背景下，鉴于上级政府对自身的核查能力和核查策略具有双重私人信息，本书从决策机制角度出发，以上级政府借助信息优势迫使个别渎职基层公务人员放弃谎报灾情为目的，建立了灾情报送与核查的信号博弈模型，并考虑灾情发生的往复性，分析了多周期灾情核查中上级政府释放高强度信号的有效性，为政府部门的实际管理提供了理论借鉴。

第二，在政府救灾资金投入后的使用过程中，个别渎职基层公务人员滥用救灾资金的恶性事件时有发生。但是，一方面，财政拨款和审计程序极为复杂，上级与地方之间信息难以同步，基层公务人员对于实际工作内容具有较大的信息优势；另一方面，基层公务人员处于救灾一线，比较容易隐瞒实际救灾工作内容（王树兵、李西文，2014）。如何实现对具有自利倾向基层公务人员的精准监督是上级政府面临的决策难题。而作为时下热门的大数据技术，虽然可以极大程度上提高政府部门间信息透明度，但是对于个别渎职基层公务人员高隐蔽性下的单方偏离行为难以形成规制。本书考虑到上级政府对于基层公务人员在救灾过程中是否具有自利倾向处于信息劣势，以提高基层公务人员的救灾信息披露质量实现信息甄别为目的，建立了救灾监督的信号博弈模型，并进一步分析了信息披露激励机制对信息甄别的影响，研究结果为政府的救灾监督工作提供了管理启示。

第三，在社会救灾资金募集的信息发布过程中，由于灾发初期社会力量无法获知灾害损失实情，难以评估自身捐赠行为的价值，因此捐助决策受到影响。而这种信息的不对称是由于灾害的复杂性、灾害相关数据研判和搜集难度高所导致的。以提升数据储存和共享效率为目的的新兴数字技术并不能从根本上解决以上因素所导致的信息问题。而当前管理学界对救灾募捐问题的研究大多以社会力量为募捐主体，政府的作用较少受到关注。本书从决策机制的角度出发，考虑到真正受灾募捐与恶意募捐的基层公务人员决策目的不同，站在受灾严重、亟须动员社会力量开展募捐活动的灾区政府的视角，以通过募捐信息发布实现信息传递为目的，建立了灾发初期社会募捐信息发布的信号博弈模型，以受灾政府部门公布的物资需求数量和质量信息为信号，分析了实现信息传递的分离均衡的成立条件，并进一步分析了混同均衡排除的方法，为政府部门募捐信息的发布提供了管理启示。

第四，在社会救灾资金使用的权限分配过程中，定向捐赠比例的确定是政府决策的难点：一方面，定向捐赠可以激发社会力量的捐赠积极性；另一方面，定向捐赠会降低政府部门救灾活动的灵活度。除此之外，由于社会力量无法获知当前政府部门对定向捐赠的操作效率，其决策也受到信息不对称的影响。而当前，学界对救灾物资分配权限的研究，较少关注到救灾物资操作效率的信息不对称性和捐助方提出要求的能力。站在政府救灾部门的角度，以提高募捐社会资金救灾效率为目的，本书建立了不完全信息下的社会募捐权限分配的序贯博弈模型，并提出政府部门主动进行信息披露和与社会力量开启谈判两种解决模式，将定向捐赠比例内生化为政府与社会之间谈判的结果，分析了不同模式的适用条件。

2

# "政府主导—社会参与"情境下救灾资金管理的科学问题分析

我国"政府主导—社会参与"的灾害管理模式，与西方国家"强社会、弱政府"模式下以国际慈善组织和社会组织为主的灾害管理模式有着显著的不同。因此，我国的灾害管理建设无法完全借鉴现有西方发达国家的体制模式。本章将对我国灾害管理模式下的主要特征进行详尽分析。

## 2.1 "政府主导—社会参与"情境下灾害管理问题的概念界定和理论分析

不同于西方国家以国际慈善组织、非营利组织等社会力量作为灾害救援主体的模式，我国"政府主导—社会参与"的灾害管理模式在参与方、管理目标以及资源配置方式等方面，都存在着显著的特点（吕孝礼、张海波、钟开斌，2012；刘奕等，2015；刘德海，2018）。在灾害管理参与方方面，主要特点表现为政府部门的主导地位极其显著，企业、慈善团体以及个人等社会力量需在政府部门的引导下参与灾害管理；在管理目标方面，主要特点表现为"坚持人民至上、生命至上"，灾害管理的目标是最大化减少灾民所承受的痛苦，最快速拯救灾民的生命，而不是商业组织管理中的利润最大化或成本最小化等；在资源配置方式方面，实行"党委领导、政府主导"，以各级党委和政府的行政手段为主体。下文将针对以上相关概念进行界定，并对管理特点进行深入的理论分析。

### 2.1.1 "政府主导—社会参与"情境下灾害救援参与方的概念界定

灾害管理不仅是一项多学科的工作，更是一项多机构的工作，其特点之一是具有众多不同类型的参与方，其中包括地方和国家政府，公共部门和私人组织，以及非营利人道主义组织（Gupta et al.，2016）。而在我国政府主导的灾害管理模式下，参与方主要可以分为以下三类：政府部门，包括各级政府的财政部门、民政部门、应急管理部门等；非政府部门，包括国际组织、私人企业、社会团体，以及个体捐赠者等；受灾群众，主要包括受到灾害影响的居民、社会团体和企业等。

（1）上级政府部门

按照《国家突发公共事件应急预案》中的相关要求，在我国"政府主导—社会参与"的灾害管理模式下，上级政府部门奉行"统一领导，分级负责"的工作原则。上级政府部门指中央和省一级国家灾害管理部门，包括人民政府、财政部门、民政部门、应急管理部门等。在上级政府的领导下，建立分级负责、属地为主的管理体制。在行政领导责任制的约束下，上级政府部门需要在灾害管理过程中起到统筹全局的作用，并对基层部门报送的信息进行核查，对基层公务人员的救灾行动进行监督，对迟报、谎报灾情，挪用、截留救灾物资等失职、渎职行为依法追究责任。上级政府部门必要时需要统一调拨资金以支持地方开展各类灾害应对工作，并根据实际需要酌情成立专家组，为基层公务人员灾害应对与救援工作提供决策建议。

本研究以我国"政府主导—社会参与"的灾害管理模式为背景，主要关注中央和省级政府部门如何高效完成灾害救援工作的核查和监督，以实现灾害救援资金的正确分拨和精准使用，在发挥政府主导的政治体制优势的同时，激发社会力量的潜力。

（2）基层公务人员

根据《国家突发公共事件应急预案》以及《国家自然灾害救助应急预案》中的相关要求，本书中的基层公务人员指市（地）、县（区）级别的相关部门的任职人员，具体包括人民政府、财政部门、民政部门、应急管理部门的任职公务人员等。基层公务人员需要对本行政区域内各类突发灾害的应对工作直接负责，当突发事件发生时，基层公务人员需要立即上报灾情，并在应急处置过程中跟踪续报。同时，也要根据职责规定快速启动应急预案，及时有效地进行处置，控制事态。在上级政府部门的监督下依法依规、尽职尽责地开展各项灾害应对工作，并接受上级政府部门的监督。

由于基层公务人员身处灾害救援第一线，掌握灾害实情的同时也扮演着灾害管理"终端"的角色，因此基层公务人员的纯洁性直接关乎着我国政府主导下灾害管理模式的效能发挥。正常情况下，基层公务人员应与上级政府的决策要求协调一致。但是，本书主要关注如何在灾害管理过程中约束有自利倾向、有可能在救灾活动中借机牟利的个别渎职基层公务人员的行为，以确保政府主导优越性的发挥。

（3）社会力量

灾害救援中的社会力量指能够参与、作用于灾害管理各项工作的基本单元，包括社会慈善团体、非营利机构、党群社团，以及企业或者个人等。国务院印发的《"十四五"国家应急体系规划》，着重强调了社会力量在我国灾害管理体制下的重要作用，提出推动政府与社会组织、企业合作，支持红十字会、慈善组织等依法参与灾害救援救助工作。在我国"政府主导—社会参与"的灾害管理模式下，对社会力量秉承"自愿参与、安全第一，协同配合、规范有序"的原则，社会力量应该在当地人民政府的统一组织、协调和指挥下有序开展各项灾害救援工作。在灾害救援过程中社会力量与政府部门有着减少灾害损失、救治伤员等共同目的。

在我国"政府主导—社会参与"的灾害管理模式下，本书关注如何激发社会力量的参与意愿，并妥善配置社会力量贡献的救灾资金，以增强社会募捐的效果，具体来说在于加强社会渠道救灾资金的管理效果。因此，本书的研究对象为有意愿向灾害救援工作提供捐助的社会力量。至于可以在物流交通、救治伤员等方面提供帮助的社会力量不在本书研究关注范围内。

（4）灾民

灾民指因衣、食、住、医受到各种灾害影响，导致财力、物力或生命安全受到威胁或损失，生存和发展面临窘境，需要救助与帮助的人民群众。国务院印发的《"十四五"国家应急体系规划》中强调，我国"政府主导—社会参与"的灾害管理模式要秉承"人民至上、生命至上"的总体国家安全观，要"最大限度降低灾害事故损失，全力保护人民群众生命财产安全和维护社会稳定"。一切灾害管理活动的出发点和目的都是将人民群众因各类灾害所受到的影响最小化。

本章重点关注"政府主导—社会参与"救灾模式下拨款和募捐的资金管理问题，而灾民在灾害管理过程中属于施救对象，其自身决策难以对救灾资金的分拨、监管与筹集等工作造成影响，因此本章中并不把灾民作为决策者加以考虑。但是，由于政府灾害管理的目的在于保护人民群众的财产安全，所以上级政府部门的决策目标中，包含着对灾民的保护和救助效果。具体来说，在政府渠道救灾资金管理中，避免基层公务人员谎报骗取救灾资金和在救灾过程中避免基层公务人员截留、挪用救灾资金都是为了减少人为二次灾害对灾民的影响。而在社会资金管理中，提高物资的募集数量和提高社会资金的救灾效果都是为了减轻灾民受到的痛苦。

## 2.1.2 "政府主导—社会参与"情境下灾害救援参与方的博弈关系的理论分析

我国"政府主导—社会参与"的灾害管理模式涉及上级政府部门、基层公务人员、社会力量、受灾群众等，在动机和目的方面存在不同的多个参与方，各个参与方之间既存在着对立关系，也存在合作关系，本章将根据各参与方在灾害管理过程中的定位和目标对各个参与方之间的关系逐一进行分析。

（1）对立型的博弈关系

本章所关注的"政府主导—社会参与"的救灾资金管理模式的对立型博弈关系，主要存在于上级政府核查监督部门和背弃任职初衷、转而追求个人利益最大化的个别渎职基层公务人员之间（Becker and Stigler，1974；郑利平，2001）。

在政府救灾过程中，个别渎职基层公务人员为了避责往往会出现模糊视线、隐蔽操作等恶性行为（刘泽照，2021）。政府渠道救灾资金的管理过程中，资金分拨前的灾情核查工作与资金分拨后的救灾监督工作尤为重要。前者是为了避免个别渎职基层公务人员谎报灾情、借机敛财的"无病呻吟"的行为，确保救灾资金分拨到受灾严重的地区；后者是为了避免具有自利倾向的基层公务人员对上级政府分拨的救灾资金做出截留、挪用和冒用等失职、渎职行为，确保救灾资金精准用于灾害救援工作。在资金分拨前的灾情核查过程中，上级政府核查部门任务在于对基层公务人员报送的灾情进行精准核查，对谎报、瞒报行为严厉问责，而具有自利倾向的个别渎职基层公务人员的动机则是尽可能逃避核查，伺机敛财，双方就灾情的报送与核查形成对立关系。而在资金分拨后的抗灾、救灾过程中，上级政府监督部门的目的在于督促基层公务人员依法依规使用救灾资金，并对失职、渎职行为严厉追责，而具有自利倾向的基层公务人员的目的则是逃避上级政府部门的监督，使自身利益最大化。双方就救灾资金的使用与监督构成对立关系。

（2）合作型的博弈关系

本章所研究问题中的合作型博弈关系，主要体现在政府救灾部门与社会力量之间。根据《"十四五"应急救援力量建设规划》的要求，在我国"政府主导—社会参与"的灾害管理模式下，政府部门是社会力量的引导者，双方在决策过程中存在序贯关系（刘德海，2018；赵黎明、李聪、郭祥，2018）。并且，双方具有最大化降低灾害损失的共同决策目的，但是，双方关注的问题是如何通过策略互动，降低信息不对称对决策效率的负面影响。一方面，基层公务人员需要将灾害严重程度、灾害损失以及救灾物资缺口等信息及时传递给社会力量，激发社会力量的捐助意愿，充分调动社会力量积极性，尽快弥补灾害带来的损失。另一方面，政府救灾部门需要根据自身实际的灾害救援能力，尤其是物资运营能力，来与社会力量签订救灾物资使用协议，确定定向捐赠与非定向捐赠两种物资的比例，在确保灾害救援效果的同时，尽可能尊重社会力量自身特定的诉求，通过合理进行募捐物资使用权限的分配，达到进一步激发社会力量捐赠意愿的目的。政府部门和社会力量由于具有减少灾害损失的共同目标，所以存在着合作关系，适合用博弈论进行研究。

### 2.1.3 "政府主导—社会参与"情境下灾害救援管理目标特征分析

2021年，国务院印发的《"十四五"国家应急体系规划》强调，我国灾害救援体系建设要"坚持人民至上、生命至上"，除此之外，更要"坚决遏制重特大事故，最大限度降低灾害事故损失，全力保护人民群众生命财产安全和维护社会稳定"。在我国"政府主导—社会参与"的灾害管理模式下，灾害管理的目标不同于商业组织管理。灾害管理的目标是最大化减少灾民所承受的痛苦，最快速拯救灾民的生命，而不是商业组织管理中的利润最大化或成本最小化等问题（王熹徽等，2020）。这与西方发达国家"强社会、强市场、弱政府"背景下的灾害救援依靠国际慈善组织和社会团体有着本质的不同。后者的资金来源主要是社会筹集，因而在灾害救援的过程中不得不考虑资金约束的问题，在灾害救援过程中追求资金的效率最优，因此，现有研究中，西方国家依然以运作成本、运输时间等盈利目标驱动为导向研究灾害救援问题（Gupta et al.，2016）；而在我国政府主导的灾害管理模式下，有着政府各级财政的应急资金作为雄厚资金支持，并且有着"坚持人民至上、生命至上"的政策导向，因而我国政府救灾部门的管理目标不再是资金的效率最优，而是尽力保证人民群众的生命财产安全，达到灾害救援效果最优（钟开斌、薛澜，2022）。管理目标的不同，是我国灾害管理模式区别于西方国家的典型特征之一。

由于我国以政府为主导的灾害管理模式追求灾害救援的效果最优，因此为了达到理想的灾害救援效果，在防灾、抗灾、减灾过程中，我国各级政府的财政支出是救灾资金的主要来源。因此，如何保证财政支持拨得对、用得准成为我国灾害管理模式下不可忽视的重要问题。

## 2.2 "政府主导—社会参与"情境下救灾资金筹集和使用的科学问题分析

### 2.2.1 政府拨款灾情核查的科学问题分析

在救灾资金发放前的灾情核查环节中，上级政府部门需要根据基层上报的灾情信息对灾害损失快速进行评估，并开展一系列行动部署。但是，灾害救援时间紧迫，分秒必争，上级政府受制于时间、自身人员工作能力以及设备精准程度等因素，难以在短时间内做到对上报灾情的精准核查。这样就给具有自利倾向的基层公务人员谎报、夸大灾情以骗取救灾资金提供了可乘之机。因此对于上级政府部门来说，如何在既定办公资源内，借助对自身的工作能力和核查策略两种信息的双重优势，对基层公务人员形成震慑效果，是上级政府决策的重大科学问题。上级部门可以利用这种双重信息优势，以公布的灾情核查策略为信号，使用释放高强度信号的方法对基层公务人员起到震慑作用，降低个别渎职基层公务人员对谎报行为成功的预期，使之如实上报灾情，以达到较好的核查效果。更重要的是，基层公务人员仍然可以根据灾情核查的结果，更新对上级政府的信念，所以上级政府需要考虑到高强度信号所导致的"狼哭"效应，在多阶段灾情核查中选择适宜的信号发送策略。

### 2.2.2 政府拨款资金使用监督环节的科学问题分析

在救灾资金发放后的救灾监督过程中，负责监督的上级政府部门与基层公务人员之间就基层公务人员的类型，以及救灾资金披露信号的真伪，存在着较为严重的信息不对称问题，严重地阻碍了监督工作的顺利进行。一方面，受限于财政拨款和审计过程中的一系列复杂程序，信息操作不透明的问题在所难免；另一方面，处于救灾一线的基层公务人员有权决定救灾资金具体的使用和分配细则，这为其在救灾信息中隐蔽自利倾向提供了条件（王树兵、李西文，2014）。因此，现实操作流程中的一系列信息不对称现象给有自利倾向的基层公务人员截留、挪用、冒用救灾资金以满足私利的失职、渎职行为提供了可乘之机。同样地，上级政府在监督过程中仍然受到时间和办公资源等条件的约束。更为严重的是，有自利倾向的基层公务人员可以通过操控对抗灾救灾信息的披露去隐蔽其自身在救援过程中的自利行为。而救灾资金使用情况的信息披露，是上级政府制定监督工作的重要依据。因此，在基层公务人员具有较强信息优势的背景下，处于信息劣势方的上级政府，如何根据基层公务人员所披露的救灾资金使用信号制定核查策略以提高监督效率，使自利型和非自利型基层公务人员的行动得以区分，实现信息甄别，是灾害救援过程中政府渠道资金管理的又一重要问题。

### 2.2.3　政府募捐信息发布的科学问题分析

在社会资金的筹集方面，受各类恶意募捐、伺机敛财的不良事件影响，社会力量捐助积极性大受挫伤。在募捐过程中，政府部门如何传递真实灾害损失，将自身行为与伺机敛财的渎职行为区别开并实现信息传递，是政府部门社会募捐阶段所面临的重要问题（刘德海、赵宁，2020）。因此，对于真正受到灾情影响的基层公务人员来说，如何在灾情信息尚未传达给社会力量之前，通过募捐信息的发布，避免自利型基层公务人员模仿自身行为恶意募捐，进而对社会力量实现信息传递，是社会募捐问题管理的重要环节，实现受灾信息传递的信号选择是重灾区政府决策的难点。考虑到伺机敛财与真正受灾政府在募捐过程中的决策目标具有不一致性，即伺机敛财的个别渎职基层公务人员只能在灾情信息公布前开展恶意募捐，因此真正受灾的政府部门可以通过调整对物资的数量、质量需求，并结合不同时间段有目的性地开展募捐，以实现信息传递，激发社会力量的捐助积极性。

### 2.2.4　政府募捐物资权限分配的科学问题分析

在社会渠道资金的使用方面，政府救灾部门对定向捐赠物资比例的设定是决策中的难点。首先，对社会力量来说，在灾情的复杂性和不确定性影响下，无法获知当期政府救灾部门对定向捐赠物资的操作效率，这影响了社会力量对捐赠物资可实现价值的判断，进而影响捐赠决策。除此之外，对于灾害救援工作来说，开启定向捐赠本身就是一把利弊同存的双刃剑。一方面，定向捐赠意味着社会力量可以对物资的使用进行直接的分配和安排，因此可以使政府部门募捐到更多的物资（Fuchs，Martijn，and Martin，2020）；另一方面，为了满足社会力量的指定需求，政府部门在灾害救援过程中可能会产生额外的运输、仓储等操作成本和时间成本，从而对救灾部门的工作产生负面影响，降低救灾部门的物资操作效率（Aflaki and Pedraza-Martinez，2016）。如何捕捉定向捐赠的双面性，是建立救灾募捐收益模型的难点。另外，在灾害救援分秒必争的背景下，政府与社会力量之间如何尽快地就定向捐赠比例达成一致，是物资权限分配问题的又一难点，分析不同定向捐赠比例确定模式的适用条件，是募捐物资权限分配研究中的重要问题。

## 2.3　本章小结

本章对我国"政府主导—社会参与"的灾害管理模式下的救灾资金筹发问题进行了深入分析。首先，分析了灾害管理的内涵与灾害管理研究的基本内容；其次，分析了我国政府主导情境下救灾资金管理问题区别于西方发达国家以社会力量为主导情境下的典型特征；最后，分析了我国政府主导灾害管理情境下各相关参与方的特征，以及各个参与方之间的冲突或合作关系。通过本章分析，明确了我国政府、社会两种渠道救灾资金管理问题中的主要矛盾和难点，详尽阐述了该问题在管理过程中面临的复杂性，明确了对政府和社会救灾管理的重要意义，为下一步"政府主导—社会参与"模式下救灾资金管理问题的建模求解奠定了基础。

3

# 基于信号博弈的上级政府多阶段灾情
# 核查策略研究

根据《中央自然灾害救灾资金管理暂行办法》（财建〔2020〕245号），为支持基层部门开展工作，上级政府对基层有资金拨付责任。上级政府应急管理部门根据灾区基层报送的灾情信息和救灾资金申请文件进行审查，并向财政部门提出资金安排建议，财政部门负责救灾资金预算安排和发放。因此，准确获取灾情并快速审核是有效救灾减灾的关键（曹杰、杨晓光、汪寿阳，2007）。但是在紧迫的应急处置过程中，灾情核查分秒必争，难以做到事无巨细。而个别渎职基层公务人员在救灾过程中转而追求个人利益最大化（Becker and Stigler，1974），致使决策与上级政府目标发生偏离（郑利平，2001），谎报灾情多要补偿以借机牟利。例如，2012年，湖南桃江个别渎职基层公务人员在5月12日的洪涝灾害中夸大灾情，房屋倒塌情况、受灾群众数量、实际降水量等数据皆存在着严重不符的上浮，共计虚报灾害损失7 100万元[①]。2017年，江西定南个别渎职基层公务人员同样以牟取私利为目的，虚报灾情以骗取国家补助[②]。一系列瞒报谎报灾情事件，不仅导致了办公资源的严重浪费，更严重损害了政府公信力。在推进国家治理体系和治理能力现代化背景下，上级政府在有限时间和既有资源约束下，如何降低个别渎职基层公务人员谎报灾情发生率，是我国进一步改革和完善灾害救援体制机制所面临的一个关键问题。

本章充分结合我国财政救灾资金管理工作现状，提出上级政府在具有信息优势下灾情审核的信号发送策略。3.1节阐述了两级政府间灾情核查问题的理论背景，回答了"为什么"要将信号博弈理论用于救灾资金分拨前的灾情核查研究，以及上级政府与基层公务人员之间存在的博弈关系，并基于现阶段我国财政救灾资金管理的工作流程和

---

① 邓海建. 湖南桃江谎报灾情损失遭曝光 被指揭借灾趋利心态 [EB/OL]. (2012-05-24) [2024-10-15]. https://china.huanqiu.com/article/9CaKrnJvy28.
② 佚名. 定南：查处一起村干部虚报灾情案例 [EB/OL]. (2017-09-21) [2024-10-15]. http://www.gzjj.gov.cn/gzjj_pgt/201709/t20170921_2854.html.

法律法规，提出上级政府对自身核查能力和实际采用的核查策略具有双重私人信息下灾情核查信号释放机制的基本构想；3.2节从灾情核查工作流程出发，建立了上级政府具有私人信息下灾情核查的基础模型，解决了"是什么"的问题；3.3节考虑到重大自然灾害发生频率较低的地区灾情核查工作的频率低的特点，采用单阶段的信号博弈模型进行分析，解决了"如何发布核查信号"的问题；3.4节进一步考虑了自然灾害频发的地区，灾情核查的往复性使得每一阶段的核查结果会影响下一阶段基层公务人员决策的特点，建立多阶段信号博弈模型加以分析，进一步探究了复杂条件下上级政府的核查策略选择问题；3.5节选取辽宁省2012年"8·4"洪水谎报事件作为案例，以事实案例为基础，辅以情境分析的方法，对研究结论进行了数值分析；3.6节给出了本章的重要结论和管理启示。

## 3.1 问题提出与前提假设

### 3.1.1 问题提出

上级政府在灾情核查工作中，一方面受到时间的制约，另一方面又受到办公人员的数量、素质以及办公设备的制约。在这两方面制约下，如何利用好信息优势，对具有谎报倾向的个别渎职基层公务人员形成震慑，成为上级政府面临的重要决策问题。根据我国黑龙江和天津等省市灾害管理部门关于灾情上报与审核的流程[1][2]，在灾害管理的"属地管理"原则下，当灾害发生后，基层部门的灾情报送工作分

---

① 黑龙江省建筑委员会办公室.关于加强自然灾害灾情信息互通共享的通知［EB/OL］.［2024-12-03］. http://yjgl.hlj.gov.cn/yjgl/c104050/202409/c00_31765420.shtml.
② 天津市民政局.天津市民政局关于加强突发自然灾害灾情信息管理工作的通知［EB/OL］.［2024-10-15］. http://mz.tj.gov.cn/ZWGK5878/ZCFG9602/zcwj/202012/t20201211_4863307.html.

为初报、续报两个阶段。在灾情发生后的初报阶段，由于难以及时准确地获取全面灾情信息，基层公务人员需要第一时间将简要的灾害信息报知上级政府，上级政府依据初报信息成立相应的灾害救援专家指导组和灾情核查工作组，并进一步明确基层公务人员关于灾情后续报送工作的具体要求。在接下来灾情续报工作中，基层公务人员须按上级政府规定的时段、频率将最新灾害信息如实上报，具体包括灾害发生的时间、地点、影响范围，灾害所导致的人员伤亡情况、设施损毁情况，以及救灾工作开展情况等。上级政府除了做好灾害救援工作的指挥部署、安排人力物资调度等救援工作外，还对基层公务人员续报的灾情信息进行调查和核实。对因谎报自然灾害损失情况造成后果的个别渎职基层公务人员，上级政府将依据有关法律法规进行问责处罚。由于灾情的详细报送任务是在灾害发生后的续报阶段完成，故本章重点聚焦于灾情续报阶段。图3-1为上级信息对核查工作的影响示意图。

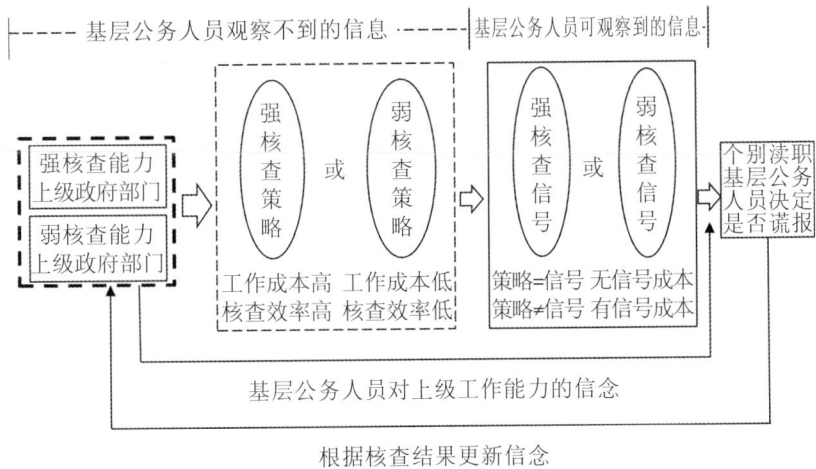

图3-1  上级信息对核查工作的影响示意图

在我国"灾民找政府，政府找上级，上级找中央"逐级上报、逐级下达的"自上而下"灾害管理模式下，上级政府对地方救灾资金的筹备和分拨，需要以对灾情充分了解为前提。而谎报行为不仅会贻误和干扰上级组织的正确决策，进而影响到救灾工作的物资部署和人力调度，而且会令人民群众对政府的信誉和执政能力产生怀疑，损害政府公信力。因此，灾情核查是救灾工作的重中之重。而在管理学界，对于灾情核查问题的研究仍然缺少关注。究其原因，首先，灾害应急管理属于进入 21 世纪以来管理科学的新兴研究领域（Gupta et al.，2016；Besiou and Van Wassenhove，2020）。其次，西方发达国家在社会力量和市场机制主导的灾害救援模式下，其现有文献集中关注于社会组织捐赠和应急供应链等问题。但是，"党委领导、政府主导、社会力量和市场机制广泛参与"是我国应急管理的政治优势和社会主义的制度优势。最后，尽管个别渎职基层公务人员谎报灾情的事件频发，但现有国内文献大多从法治或行政管理的角度进行研究（赵莲，2020；詹承豫，2021），尚未从科学管理角度研究上下级政府之间的灾情核查问题。本章借鉴信号博弈研究中利用信息优势的研究思路（Zhuang，2012），进一步考虑了政府核查部门与基层公务人员之间非零和博弈的特征，建立了救灾资金分拨前的灾情核查的信号博弈模型，站在上级政府的角度分析如何利用信息优势迫使基层公务人员放弃谎报灾情，从科学管理角度提出并研究了不同政府部门之间谎报灾情和核查问题。

### 3.1.2  前提假设

本章针对两级政府之间的灾情核查问题，将上级政府核查部门作为信号发出者，并对自身核查能力和实际策略具有私人信息；将具有自利倾向的基层公务人员作为信号接收者，根据所观察到上级部门发出的核查策略信号权衡是否如实报送灾情，做出如下假设：

第一，上级政府和基层部门构成的灾情报送与审查系统。根据《中华人民共和国突发事件应对法》第一章第四条中强调的"分级负责、属地管理为主的应急管理体制"原则，当地政府承担了及时报送灾情信息的责任[①]。例如，根据灾害发生的级别和影响范围分别由乡镇级政府向县区级政府上报灾情，或者由县区级政府向市级政府上报灾情等。

第二，上级政府存在着外生给定的高低两种类型的灾情核查能力。尽管现实中政府部门可以通过体制改革或人员培训等手段提高灾情核查能力，但核查能力的提升往往需要经过一定的时间[②③]。而在灾发初期的应急响应阶段，难以通过以上的方式提升核查能力，尤其是特定领域的重大突发事件涉及特殊的专业知识领域和高度不确定的环境，核查专家组成员的一线工作经验和专业判断能力至关重要。

第三，灾情核查决策方都是风险中性的。在灾害管理问题的研究中，作为灾害管理主体的政府和非营利组织往往被设定为是风险中性的（刘德海、赵宁，2020；Pedraza-Martinez，Hasija，and Van Wassenhove，2020），尽管个别渎职基层公务人员存在着谎报灾情的风险偏好。如果基层公务人员整体上被设定是风险偏好的，其将始终选择谎报灾情。鉴于对谎报行为采取严格的责罚机制，该种行为动机不够理性。反之，如果整体上是风险厌恶的，其将始终选择如实上报灾情，这与谎报现象时有发生的现实状况不符。同理可知，如果上级政府是风险厌恶的，其将始终选择采取强核查策略，那么上级政府将无法承受高昂的核查成本。如果上级政府是风险偏好的，其将忽视灾

① 法律出版社法规中心.《中华人民共和国突发事件应对法》（注释本）.北京：法律出版社，2008.
② 上海市人民政府.中共上海市委、上海市人民政府关于提高我市自然灾害防治能力的意见［EB/OL］.［2024-10-15］.https://www.shanghai.gov.cn/nw44142/20200824/0001-44142_65425.html.
③ 佚名.河北：全面构建灾情管理新体制 提升灾情报送能力［EB/OL］.［2024-10-15］.https://www.mem.gov.cn/xw/gdyj/202012/t20201222_375608.shtml.

情核查工作。因此，基层公务人员和上级政府的非风险中性问题均可视为风险中性下分离均衡的退化场景。

第四，上级政府为信息优势方，对于自身核查能力和实际采用的核查策略具有双重私人信息。根据各省市公布的灾情核查流程，上级政府在灾情稳定后及时组织工作组赴灾害现场，开展灾情核查工作，工作组的核查能力在核查范围、核查内容、核查方法、核查认定和核查时限上存在着很大的差别。基层公务人员根据上级政府以往的灾情核查结果推断上级政府的核查能力并形成先验信念。但是，基层公务人员无法精准地获知核查工作组确切的核查能力。

第五，上级政府作为信号发送者，选择并发布强核查和弱核查两种灾情核查策略。弱核查策略是指上级政府按工作流程，选取调查地点实地查看、随机抽查、座谈反馈等，对上报灾情进行核查[①]。强核查策略是指上级政府按照上述工作流程，进一步派遣督察组赶赴现场做全方位调研，或付出高额成本采用GIS、无人机航空遥感等新兴技术[②]。

第六，个别渎职基层公务人员存在瞒报灾情或谎报灾情两种可能的偏离行为。一方面，隐瞒灾情的瞒报行为是为掩盖自身防灾重视程度不够、应急处置不到位等工作失职，以躲避责罚。另一方面，夸大灾情的谎报行为是为了骗取更多的上级政府救灾赈灾款。因此，个别渎职基层公务人员谎报灾情虽然会增加自身收益，但是与此同时需要付出谎报灾情的成本。

第七，灾害管理问题的目标函数是关注救灾效益最大化（Pedraza-Martinez，Hasija，and Van Wassenhove，2020）。为了便于分析，采用救灾收益和成本的可加可分效用函数。具体来说，上级政府

---

① 黄岩区应急管理局.全力以赴，深入一线做好灾情核查工作［EB/OL］.［2024-10-15］.http：//www.zjhy.gov.cn/art/2019/8/16/art_1633711_41700059.html.
② 邓德骐.遵义将开启无人机查灾核灾新模式［EB/OL］.［2024-10-15］.https：//baijiahao.baidu.com/s？id=16432070988829787137&wfr=spider&for=pc.

的目标函数是最小化灾情核查成本与可能发生的个别渎职基层公务人员灾情谎报损失，进而采取最优的灾情核查策略和信号发布策略。对于有谎报倾向的个别渎职基层公务人员，其收益函数是关于是否如实上报灾情的二值函数，在权衡真实上报和谎报的收益后，决定是否如实上报灾情，从而使自身收益最大化（刘德海、赵宁，2020）。

## 3.2 灾情核查信号博弈模型的建立

### 3.2.1 变量符号说明与模型描述

根据上述基本假设，上级政府派遣的专家组或检测设备等灾情核查能力属于自身的私人信息。作为信号发送者，上级政府选择并发布某种灾情核查策略。显然，该核查信号可以被基层公务人员观察到，并决定是否瞒报或谎报灾情。图3-2展示了 $N$ 阶段灾情核查的具体流程，其中虚线箭头表示两个阶段之间的连接关系。

图3-2还展示了模型的主要参数和变量。设上级政府为信号发送者，用上角标 $I$ 表示，上级政府具有高低两种核查能力的类型用 $\theta_i^I$ 表示。其中，$\theta_1^I$ 表示强核查能力政府，$\theta_2^I$ 表示弱核查能力政府。自然选择下在第 $t$ 阶段上级政府是 $\theta_1^I$ 的概率为 $p_t^I$，上级政府是 $\theta_2^I$ 的概率为 $\left(1 - p_t^I\right)$。基层公务人员为信号接收者，用上角标 $L$ 表示。在第 $t$ 阶段博弈中（$t = 1, \cdots, N$），博弈参与方的决策流程如下所述：首先，灾情发生后，核查能力类型为 $\theta_i^I$ 的上级政府经初报获知灾情，拟定灾情核查策略 $I_t\left(\theta_i^I\right) \in \{0, 1\}$，并且发送核查信号 $s_t\left(\theta_i^I\right)$。当采取强核查策略 $I_t\left(\theta_i^I\right) = 1$ 时，上级政府会加大对所上报灾情的核实力度，可以有效地甄别谎报的灾情，但是在加大核查力度的同时，上级政府需要

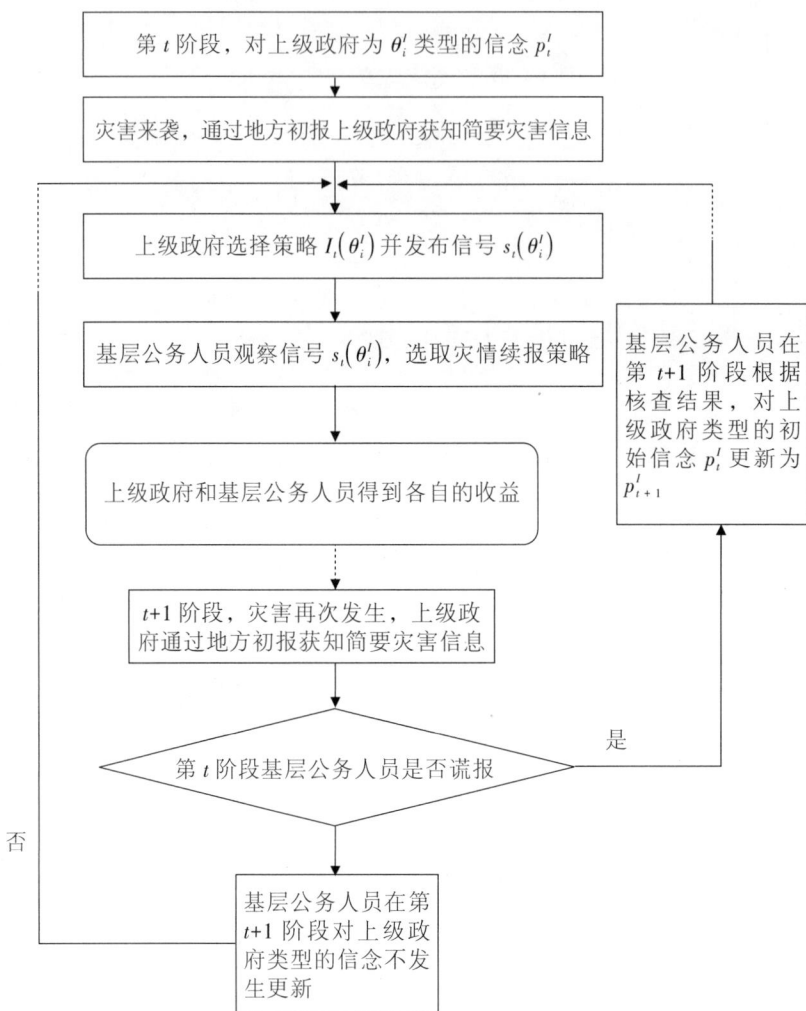

**图 3-2 政府灾情核查的 N 阶段博弈流程图**

付出额外的人力、物力成本，以及因强化核查流程所导致的额外救援决策延误的时间成本。当采取弱核查策略，即 $I_t(\theta_i^l) = 0$ 时，上级政府按一般流程对上报的灾情进行核查，虽然也能甄别出虚假报送的情况，但是核查效果较弱。上级政府选取与公布核查策略的成本表示为 $G_t\big[I_t(\theta_i^l),\ s_t(\theta_i^l),\ \theta_i^l\big]$，即第 $\theta_i^l$ 种类型上级政府选取核查策略 $I_t(\theta_i^l)$ 和发

布信号 $s_t(\theta_i^l)$ 所需的总成本，包括核查灾情策略所需的基本人力、物力投入，以及发送高信度的核查信号所需的额外成本，例如通过采用数字化的灾情核查系统和无人机等新技术来表明将开展严格的核查工作。虽然付出了额外的信号成本，但是上级政府也无法在短时间内提升自身的灾情核查能力。

如果上级政府对外公布的核查策略（即信号）与上级政府本身所选择的核查策略是一致的，即 $s_t(\theta_i^l) = I_t(\theta_i^l)$，就表明上级政府真实公布自己的核查策略。如果上级政府对外公布的核查策略（即信号）与上级政府本身所选择的核查策略不一致，即 $s_t(\theta_i^l) \neq I_t(\theta_i^l)$，如选择了弱核查策略，却对外公布为强核查策略，此时上级政府采取的是"释放高压强信号"策略，公布的核查流程和要求要比实际采取的更加严苛，对基层公务人员有一定的威慑作用。但是由于实际采取的核查策略对虚假事件识别率不高，个别渎职基层公务人员若在某一阶段谎报成功，则认为上级政府工作能力较弱的概率更大。

基层公务人员在观察到上级政府发布的核查策略 $s_t(\theta_i^l)$ 后，在续报详细灾情的决策过程中选择是否谎报的策略 $L_t(s_t)$。其中，$L_t(s_t) \in \{0, 1\}$ 为二元变量，$L_t(s_t) = 0$ 表示基层公务人员真实上报灾情，$L_t(s_t) = 1$ 表示个别渎职基层公务人员谎报灾情，包括夸大伤亡人数、房屋被毁数量和其他经济损失。$g_t$ 是个别渎职基层公务人员谎报灾情付出的额外成本，体现为伪造受灾现场所付出的成本或是为平息舆论而支出的"封口费"等。因为当基层公务人员如实上报灾情时，不需要对客观事实做出额外的粉饰，所以假设当基层公务人员选择如实上报灾情时，其成本为0。

在给定上述参数和变量定义的基础上，第 $t$ 阶段上级政府的目标函数为：

$$u_t^I\big[L_t(s_t),\ p_t^I(s_t);\ I_t(\theta_i^t),\ s_t(\theta_i^t)\big] =$$
$$-G_I\big[I_t(\theta_i^t),\ s_t(\theta_i^t),\ \theta_i^t\big] - c_t\big[L_t(s_t),\ e_t(\theta_i^t)\big]V_t \qquad (3\text{-}1)$$

式（3-1）等号右侧中，第一部分 $G_I\big[I_t(\theta_i^t),\ s_t(\theta_i^t),\ \theta_i^t\big]$ 表示第 $t$ 期 $\theta_i^H$ 类型上级政府 $I$ 选取核查策略 $I_t(\theta_i^t)$ 与发布核查信号 $s_t(\theta_i^t)$ 的成本。显然，选取强核查策略的执行成本高于弱核查策略的执行成本。另外，如果具有私人信息的上级政府无成本地发送核查信号，那么实验博弈的结果证明廉价交谈（cheap talk）并不能保证沟通或协调的完全成功（Ambrus and Lu，2014）。上级政府需要发送具有相应成本的核查信号（Crawford and Sobel，1982）。因此，如果上级政府发送可信的高压强信号，那么需要付出相应的信号成本以表明该核查信号是可信的。此处需满足 $G_I\big[0,\ 0,\ \theta_i^t\big]<G_I\big[0,\ 1,\ \theta_i^t\big]<G_I\big[1,\ 1,\ \theta_i^t\big]$。第二部分 $c_t\big[L_t(s_t),\ e_t(\theta_i^t)\big]V_t$ 表示个别渎职基层公务人员观察到核查信号 $s_t$ 后采取谎报灾情策略 $L_t(s_t)$，并在上级政府核查努力程度 $e_t(\theta_i^t)$ 下谎报获得成功后上级政府遭受的损失。其中，谎报成功的概率为 $c_t\big[L_t(s_t),\ e_t(\theta_i^t)\big]$；上级政府没有甄别出虚假报告时遭受的损失为 $V_t$，包括对灾情救援的延误、失去的社会公信力和被骗取的救灾物资等。个别渎职基层公务人员谎报成功的概率同时受到基层公务人员和上级政府的决策影响。其中，基层公务人员的决策为是否谎报的灾情上报策略，$L_t(s_t)\in\{0,\ 1\}$，上级政府的决策为各种核查策略下 $I_t(\theta_i^t)$ 对应的总核查努力程度 $e_t(\theta_i^t)$，$e_t(\theta_i^t)\in\{0,\ 1\}$。根据经常用于刻画冲突双方行动成功概率的竞争成功函数（Skaperdas，1996），个别渎职基层公务人员谎报成功概率的公式如下：

$$c_t\big[L_t(s_t),\ e_t(\theta_i^t)\big] = Pr\{w_t = 1|L_t(s_s),\ e_t(\theta_i^t)\}$$
$$= \frac{L_t(s_t)}{L_t(s_t) + e_t(\theta_i^t)} = \frac{1}{1 + e_t(\theta_i^t)} \qquad (3\text{-}2)$$

其中，根据具体的核查策略 $I_t(\theta_i^t)$，上级政府的总核查努力程度 $e_t(\theta_i^t)$ 包括两个部分：一是上级政府采取弱核查策略 $I_t(\theta_i^t)=0$ 下的基础核查努力程度 $\alpha(\theta_i^t)$，即按一般流程对上报的灾情进行核查；二是上级政府采取强核查策略 $I_t(\theta_i^t)=1$ 下的升级核查努力程度 $k\alpha(\theta_i^t)$，即开展严格的核查工作，其是基础核查努力程度的 $k$ 倍（$k>1$）。而且，强核查能力政府的基础核查努力程度显然大于弱核查能力政府的基础核查努力程度，即 $\alpha(\theta_1^t)>\alpha(\theta_2^t)$。因此，上级政府在第 t 阶段的总核查努力程度表述如下：

$$e_t(\theta_i^t)=\alpha(\theta_i^t)\big[1-I_t(\theta_i^t)\big]+k\alpha(\theta_i^t)I_t(\theta_i^t) \tag{3-3}$$

在第 t 阶段，基层公务人员的目标函数为：

$$u_t^t\big[I_t(\theta_i^t),\ s_t(\theta_i^t)\ ;\ L_t(s_t),\ p_t^t(s_t)\big]=\max_{\{L_t,\ s_t\}}\{0,\ c_I\big[L_t(s_t),\ e_t(\theta_i^t)\big]v_L-$$
$$\big(1-c_I\big[L_t(s_t),\ e_t(\theta_i^t)\big]\big)m_L-g_L\} \tag{3-4}$$

式（3-4）中，当基层公务人员选择如实上报灾情时收益为 0。事实上，有些突发灾害的发生不可避免，但是如果地方部门防灾减灾措施得当并且第一时间如实上报灾情，其本身不会受到相应的责罚。因此，为了便于分析，对基层公务人员实报灾情的其他固定收益值进行平移处理，即基层公务人员决策选取的参考点设置为 0，其仅仅影响各最优策略的参数区间范围的平移，结论并未发生根本变化。值得注意的是，基层公务人员的目标函数同时包含了谎报和瞒报两种行为。在本章关注的谎报、夸大灾情以骗取救灾资金的方面，该收益表现为骗取的救灾物资和钱款等，$v_L>0$，其期望收益为 $c_I\big[L_t(s_t),\ e_t(\theta)\big]v_L$。对于实际管理过程中经常出现的另一种偏离行为，即基层公务人员瞒报灾情的情况，式（3-4）中的效用函数通过转化后也可以刻画瞒报灾情的个别渎职基层公务人员的收益。这种情况在生产安全管理和公共卫生事件管理中较为多见（毛庆铎、马奔，2017；赵志疆，2021）。个别渎职基层公务人员防灾救灾工作不力需要承担的责罚 $v'_L < 0$，此时期望收益表现为逃脱或减少该责罚，即 $-c_t\big[L_t(s_t),\ e_t(\theta)\big]v'_L$。由于 $v'_L < 0$，所以 $-c_t\big[L_t(s_t),\ e_t(\theta'_i)\big]v'_L = c\big[L_t(s_t),\ e_t(\theta'_i)\big](-v'_L) > 0$。令 $v_L = -v'_L$，表示个别渎职基层公务人员逃脱责罚所获得的收益。因此，隐瞒灾情下期望收益的表示形式可以转化为夸大灾情下期望收益的表示形式。而对于上级监督部门来说，可以通过引入前景理论，根据灾害类型特点和上级部门所面临的管理区域的特点，对基层谎报和瞒报两种情况赋予不同的概率比重函数加以刻画。本章主要研究"政府主导—社会参与"救灾下拨款和募捐问题，重点关注对个别渎职基层公务人员夸大灾情谎报骗补情况的治理，因此，对于瞒报的情况不展开讨论。

另外，个别渎职基层公务人员的收益函数仅取决于两个主要因素，即谎报成功的概率和固定成本。其中，$v_L$ 表示个别渎职基层公务人员谎报成功后的收益，包括骗取的救灾补助或逃脱救灾不力的行政问责。地方部门谎报灾情的粉饰成本 $g_L$，包括个别渎职基层公务人员谎报夸大灾情而伪造受灾现场的成本或隐瞒灾情为平息舆论而支付的"封口费"等。另外，如果个别渎职基层公务人员的谎报行为被上级政府发现，受到的党纪或行政处罚为 $m_L$，那么此时个别渎职基层公务人员的期望收益表示为 $\big(1 - c_t\big[L_t(s_t),\ e_t(\theta'_i)\big]\big)m_L$。令 $V_L = v_L + m_L$ 表示谎报灾情成功时的总收益（包括谎报的获益 $v_L$ 和逃脱的责罚 $m_L$），$G_L = g_L + m_L$ 表示谎报灾情的总成本（包括固有的粉饰成本 $g_L$ 和谎报失败后受到的责罚 $m_L$）。整理后可得：

$$u_t^l\big[I_t(\theta'_i),\ s_t(\theta'_i);\ L_t(s_t),\ p_t^l(s_t)\big] = \max_{\{L_t,\ s_t\}}\Big\{0,\ c_t\big[L_t(s_t),\ e_t(\theta'_i)\big]V_L - G_L\Big\} \qquad (3-5)$$

本章所关注的灾情核查问题中，上级政府对自身的核查能力具有私人信息，除此之外，上级政府对于自身所采取的核查策略还具有另外一重私人信息，而上级政府对外发布的信号，是公布的核查策略。在上级政府具有多重信息的背景下，基层公务人员难以根据上级政府发送的信号更新对上级政府的信念。但是，本章考虑的是两级政府间 $t = n$ 的多阶段重复博弈过程，如果地方政府选择了谎报灾情，那么在每一期博弈的末尾阶段，基层公务人员会根据第 $t$ 阶段上级政府的核查结果（我们记 $w_t = 1$ 为谎报成功，$w_t = 0$ 为谎报失败），更新第 $t + 1$ 阶段对上级政府属于强核查能力类型的信念，由 $p_t'$ 更新为 $p_{t+1}'$，值得注意的是，虽然上级政府采取强（弱）核查行动的信息可以被基层公务人员事后观察到，但是上级政府核查能力的强弱类型却属于不完全信息。因此，基层公务人员仅能根据核查结果推断上级政府真实类型的信念。若谎报成功，对上级政府属于弱政府的信念加强。若谎报失败，对上级政府属于强政府的信念加强。若如实上报，则初始信念不改变。然后博弈进入到下一个阶段。其中，当基层公务人员谎报成功 $w_t = 1$ 时，其对于上级政府为强政府 $\theta_1'$ 的信念 $p_t'$ 下基层公务人员谎报成功的条件概率为 $p_t' c_t \left[ L_t \left( s_t \left( \theta_1' \right) \right), \ e_t \left( \theta_1' \right) \right]$，其对于上级政府为弱政府 $\theta_2'$ 的信念 $\left( 1 - p_t' \right)$ 下基层公务人员谎报成功的条件概率为 $\left( 1 - p_t' \right) c_t \left[ L_t \left( s_t \left( \theta_2' \right) \right), \ e_t \left( \theta_2' \right) \right]$。类似地，可以得出基层公务人员谎报失败 $w_t = 0$ 时的条件概率。根据贝叶斯定理，可以得出式（3-6）所示的信念更新过程：

$$
p_{t+1}' \left( w_t, \ p_t' \right) = \begin{cases} \dfrac{p_t' c_t \left[ L_t \left( s_t \left( \theta_1' \right) \right), \ e_t \left( \theta_1' \right) \right]}{p_t' c_t \left[ L_t \left( s_t \left( \theta_1' \right) \right), \ e_t \left( \theta_1' \right) \right] + \left( 1 - p_t' \right) c_t \left[ L_t \left( s_t \left( \theta_2' \right) \right), \ e_t \left( \theta_2' \right) \right]} & , \ w_t = 1 \\[4mm] \dfrac{p_t' \left\{ 1 - c_t \left[ L_t \left( s_t \left( \theta_1' \right) \right), \ e_t \left( \theta_1' \right) \right] \right\}}{p_t' \left\{ 1 - c_t \left[ L_t \left( s_t \left( \theta_1' \right) \right), \ e_t \left( \theta_1' \right) \right] \right\} + \left( 1 - p_t' \right) \left\{ 1 - c_t \left[ L_t \left( s_t \left( \theta_2' \right) \right), \ e_t \left( \theta_2' \right) \right] \right\}} & , \ w_t = 0 \end{cases} \tag{3-6}
$$

其中，当上级政府类型未知时，定义个别渎职基层公务人员谎报灾情成功的全概率为 $Pr\{w_t = 1\}$，该概率的计算公式如下：

$$Pr\{w_t = 1\} = Pr\{w_t = 1|\theta_1^t\} p_t^I + Pr\{w_t = 1|\theta_2^t\} (1 - p_t^I)$$

$$= c_I\big[L_t\big(s_t(\theta_1^t)\big),\ e_t(\theta_1^t)\big] p_t^I + c_I\big[L_t\big(s_t(\theta_2^t)\big),\ e_t(\theta_2^t)\big](1 - p_t^I) \quad (3\text{-}7)$$

定义 $U_I\big[L(s),\ p_t^I(s);I(\theta_i^t),\ s(\theta_i^t)\big]$ 和 $U_L\big[I(\theta_i^t),\ s(\theta_i^t);\ L(s),\ p_t^I(s)\big]$ 分别是上级政府和基层公务人员的最大化目标值，则各期的折现目标值相加，可以得到 $N$ 阶段重复博弈的上级政府和基层公务人员目标值为：

$$U_I\big[L(s),\ p_t^I(s);I(\theta_i^t),\ s(\theta_i^t)\big] = \sum_{t=1}^{N}\beta_I^{t-1} u_t^I\big[L_t(s_t),\ p_t^I(s);I_t(\theta_i^t),\ s_t(\theta_i^t)\big] \quad (3\text{-}8)$$

$$U_L\big[I(\theta_i^t),\ s(\theta_i^t);\ L(s),\ p_t^I(s)\big]$$

$$= \sum_{t=1}^{N}\beta_L^{t-1} \sum_{\theta_i^t = \theta_1^t,\ \theta_2^t} u_t^L\big[I_t(\theta_i^t),\ s_t(\theta_i^t);L_t(s_t),\ p_t^I(s_t)\big] p_t^I(s_t) \quad (3\text{-}9)$$

其中，$\beta_I$ 和 $\beta_L$ 分别为基层公务人员和上级政府的贴现系数；基层公务人员认为上级政府属于第 $\theta_i^t$ 类型的信念（概率）为 $p_t^I(s_t)$。

### 3.2.2　灾情核查问题博弈均衡解的定义

本章设 $L_t(s_t) \equiv \{L_1(s_1),\ ...,\ L_N(s_N)\}$，$I_t(\theta_i^t) \equiv \begin{Bmatrix} I_1(\theta_i^t),\ ...,\ \\ I_N(\theta_i^t) \end{Bmatrix}$，$s \equiv \{s_1,\ ...,\ s_N\}$ 和 $p^I \equiv \{p_1^I,\ ...,\ p_N^I\}$ 作为状态变量和决策变量的集合。在博弈开始阶段 $t{=}1$ 自然选择下关于上级政府类型的先验概率 $p_1^I$ 是共同知识，后续阶段 $2 \leqslant t \leqslant N$ 根据先验概率观察到核查结果后形成后验信念 $p_2^I,\ ...,\ p_N^I$。

根据不完全信息动态博弈的精炼贝叶斯纳什均衡的定义，均衡解受到基层公务人员和上级政府的最优策略以及基层公务人员对于上级政府灾情信息核查类型的信念 $p_t^{I^*}$ 的影响。针对本章研究的灾情核查问题，对均衡解需要满足的条件做出如下定义。

定义 3-1：当满足以下两个条件时，$\begin{cases} L^*(s^*), \ p_t'^*(s^*), \\ I^*(\theta_i'), \ s^*(\theta_i') \end{cases}$ 记为该问

题的精炼贝叶斯纳什均衡解：

（1）给定类型 $\theta_i'$ 的上级政府采取任一核查策略 $\bar{I}$ 并发布强/弱核查信号 $\bar{s}(\theta_i')$，基层公务人员选择最优的报送策略 $L^*(\bar{s})$ 并更新对上级政府的信念类型 $p_t''^*(\bar{s})$，最大化自己的期望目标值：

$$L^*(\bar{s}) \in \arg \max_{\{L(s), \ p(\bar{s})\}} U_L \left[ \bar{I}(\theta_1'), \ \bar{I}(\theta_2'), \ \bar{s}(\theta_i'); \ L(\bar{s}), \ p'(\bar{s}) \right] \tag{3-10}$$

（2）给定基层公务人员更新对于上级政府的后验信念 $p'(\bar{s})$ 和最优报送策略 $L^*(s)$ 后，上级政府选取最大化己方期望目标值的核查策略 $I^*(\theta_i')$ 并发布最优的核查信号 $s^*(\theta)$：

$$I^*(\theta_i'), \ s^*(\theta_i') \in \arg \max_{\{I(\theta), \ s(\theta)\}} U_I$$
$$\left[ L^*(s), \ p'^*(s); \ I(\theta_i'), \ s(\theta_i') \right] \tag{3-11}$$

联立式（3-10）和式（3-11），可以保证两级政府部门灾情核查博弈处于精炼贝叶斯纳什均衡状态时，单方策略偏离无法获得更大的收益，均衡达到稳定状态。

## 3.3　灾情核查信号博弈的均衡分析

### 3.3.1　灾发频率较低情况下单周期灾情核查博弈分析

对于一些重大自然灾害发生频率较低的地区，灾情核查工作的频率更低。进一步考虑到地方任职人员的职位调动，任职人员在做出决策时，不会考虑到当前决策结果对未来的影响，这类地区的政府决策受到灾情核查往复性的影响很小，本章采用单阶段的信号博弈模型来分析此类现象。在两级政府部门可能存在的策略组合中，有两种不符

合管理实际的策略组合，本章不予探讨：一种是当上级政府部门选取强核查策略却公布弱核查策略的信号，在这种钓鱼执法的核查行为下，个别渎职基层公务人员无罪免责，此策略显然不符合理性行为；另一种是下级政府观察到强核查策略时瞒报/谎报灾情，观察到弱核查策略却如实上报灾情，此策略也不符合理性行为。

首先，分析个别渎职基层公务人员的报送策略选择，根据式（3-4），个别渎职基层公务人员谎报灾情的期望收益与其对上级政府为强政府的信念 $p$ 和谎报行为的成本收益有关。令个别渎职基层公务人员谎报与实报的收益相等，即 $u_t^L = 0$，求得个别渎职基层公务人员谎报时对于上级政府为强政府信念的临界概率值 $p_t^{l*}$ 为：

$$p_t^{l*} = \frac{1 + e_t(\theta_1^l)}{e_t(\theta_1^l) - e_t(\theta_2^l)}\left[1 - \frac{G_L}{V_L}\left(1 + e_t(\theta_2^l)\right)\right] \tag{3-12}$$

分析个别渎职基层公务人员谎报灾情的成立条件，即 $u_t^L > 0$。由于强上级政府的核查努力程度一定高于弱上级政府的核查努力程度，所以 $e_t(\theta_1^l) - e_t(\theta_2^l) > 0$，$\dfrac{\partial u_t^L}{\partial p_t} = \dfrac{e_t(\theta_2^l) - e_t(\theta_1^l)}{\left[1 + e_t(\theta_1^l)\right]\left[1 + e_t(\theta_2^l)\right]}V_L < 0$。

第一种情境：$\dfrac{V_L}{G_L} < 1 + e_t(\theta_2^l)$，此时上级政府为弱政府类型，个别渎职基层公务人员谎报灾情的临界条件为 $p_t^{l*} < 0$，即谎报收益为负，将如实上报灾情。根据条件 $\partial u_t^l/\partial p_t^H < 0$，上级政府为强政府类型时谎报收益进一步降低，显然更不会谎报。因此，不论上级政府采取何种策略，基层公务人员都不会选择谎报灾情。

第二种情境：$\dfrac{V_L}{G_L} > 1 + e_t(\theta_1^l)$，此时上级政府为强政府类型，个别渎职基层公务人员谎报灾情的临界条件 $p_t^{H*} < 1$，即谎报灾情收益为正，$u^L > 0$。同理，根据条件 $\partial u_t^l/\partial p_t^l < 0$，上级政府为弱政府类型

时谎报收益进一步提高。因此，不论上级政府采取何种策略，个别渎职基层公务人员都不会如实上报灾情。

第三种情境：$\left[1 + e_t(\theta_2')\right] < \dfrac{V_L}{G_L} < \left[1 + e_t(\theta_1')\right]$，此时基层公务人员是否如实上报灾情取决于对上级政府属于强政府的信念。当 $p_t' >$

$p_t^{l*} = \dfrac{1 + e_t(\theta_1')}{e_t(\theta_1') - e_t(\theta_2')}\left[1 - \dfrac{G_L}{V_L}\left(1 + e_t(\theta_2')\right)\right]$ 时，基层公务人员会如实上报灾情。

结论 3-1：基层公务人员是否如实上报灾情受上级政府的核查努力程度 $e_t(\theta_i')$、基层公务人员对上级政府类型的信念 $p$ 和基层公务人员谎报行为的收益与成本的比值三方面因素影响。其中，当弱上级政府的核查努力程度足够高时，$\dfrac{V_L}{G_L} < 1 + e_t(\theta_2')$，基层公务人员无论如何都会实报灾情。当强上级政府核查努力程度比较低时，$\dfrac{V_L}{G_L} > 1 + e_t(\theta_1')$，谎报灾情总是成为个别渎职基层公务人员的最优策略。

其次，分析上级政府的决策。对于灾情发生频率比较低的地区，由于灾情核查往复性对于两级政府的决策影响很小，也就是说上级政府会忽略灾情核查结果对于后续灾情核查的影响。在这种情况下我们探求对于上级政府来说，释放高压强信号，即实际上选择弱核查策略而发布强核查信号是一种更为理性的临界条件。假设上级政府为了避免个别渎职基层公务人员谎报灾情，采取谨慎的态度预估灾情核查结果，在对结果进行预估时考虑个别渎职基层公务人员没有如实上报灾情的最坏情况，即 $L_t(s_t) = 1$。

上级政府采取"释放高压强信号"策略的期望收益为：

$$u_t'\left[L_t(s_t),\ p_t'(s_t);\ 0,\ 1\right] = -G_t[0,\ 1,\ \theta_i'] - \dfrac{V_t}{1 + \alpha(\theta_i')} \qquad (3\text{-}13)$$

作为对比，上级政府公布强核查信号，同时选取强核查策略的"说到做到"策略的期望收益为：

$$u_i^t[L_t(s_t), \ p_t(s_t); \ 1, \ 1] = -G_t[1, \ 1, \ \theta_i^t] - \frac{V_t}{1 + k\alpha(\theta_i^t)} \qquad (3\text{-}14)$$

分析式（3-13）和式（3-14），当政府采取"说到做到"策略与"释放高压强信号"策略相比所需付出的额外成本较高，即满足

$$G_t[1, \ 1, \ \theta_i^t] - G_t[0, \ 1, \ \theta_i^t] > \frac{(k-1)\alpha(\theta_i^t)V_t}{[1 + k\alpha(\theta_i^t)][1 + \alpha(\theta_i^t)]}$$ 时，相比于如

实公开强核查策略，采取弱核查策略、发布强核查信号的这种"释放高压强信号"策略，将成为上级政府的占优策略组合。

结论3-2：当上级政府采取"说到做到"强核查策略的成本较高，采取"释放高压强信号"策略的成本较低，同时没有甄别出谎报灾情案件遭受的损失较小时，上级政府更加偏好采取"释放高压强信号"策略。

### 3.3.2 灾发频率较高情境下多周期灾情核查博弈分析

对于自然灾害频发的地区，如经常受到水患困扰的沿海低洼平原地区、地质构造复杂地震灾害频发的山区，灾情核查的往复性使得每一阶段的核查结果会影响下一阶段基层公务人员的决策。如果个别渎职基层公务人员在某一阶段谎报灾情的行为侥幸逃脱了上级政府的核查，在下一阶段的灾情报送过程中，个别渎职基层公务人员会认为上级政府甄别能力较差进而更倾向于谎报灾情以谋得更多利益。在这种背景下，上级政府最佳决策效果是在制定灾情核查策略时直接打消个别渎职基层公务人员的不良动机，做到防患未然。本节将主要探究强弱两种核查策略可以迫使基层公务人员如实上报灾情的临界条件，以及政府"释放高压强信号"策略适用的临界条件。

现实中对于灾害频发地区，上级政府的灾情核查工作往往采取具有多阶段特征的"释放高压强信号"策略。本章所建立的重复信号博弈模型中，由于基层公务人员在每个阶段后都会根据本阶段的博弈结果更新对上级政府类型的信念，信念的逐步更新导致模型的计算量随博弈阶段数的增加呈指数形式增长，难以计算出解析解。为便于计算，本节考虑 $t = n$ 和 $t = n + 1$ 两阶段情况进行分析，如果任意两阶段内都可以迫使基层公务人员放弃谎报行为，说明基层公务人员认为上级政府信息甄别能力很强。因此，本模型的两阶段基本结论推广到多阶段仍然生效，简化分析方法并不影响结论的适用性。

我们考虑上级政府的两种特殊情况：

（1）两种类型上级政府的核查能力相同，即它们采取相同的核查策略时将产生一致的核查结果。此时，基层公务人员对上级政府的信念（即属于不同核查能力类型的上级政府）失去作用。

（2）两种类型上级政府的核查能力相差较大，在个别渎职基层公务人员的信念中弱上级政府几乎无法甄别其谎报行为，而强上级政府总可以甄别其谎报行为。

个别渎职基层公务人员两阶段都采取谎报策略，根据 $N$ 阶段重复博弈的目标函数式（3-8），可以得出两阶段下其期望目标为：

$$
\begin{aligned}
&U_L\big[I(\theta_i^t),\ s(\theta_i^t)\ ;\ L(s),\ p_t^t(s)\big] = \\
&\sum_{t=n}^{n+1}\beta_L^{t-n}\sum_{\theta=\theta_1,\ \theta_2} u_t^t\big[I_t(\theta_i^t),\ s_t(\theta_i^t)\ ;\ L_t(s_t),\ p_t^t(s_t)\big]p_t^t(s_t)
\end{aligned}
\tag{3-15}
$$

考虑第一种特殊情况：两类政府具有相同的核查能力，那么高核查能力 $\theta_1$ 和低核查能力 $\theta_2$ 政府的基础核查努力程度将相同，即 $\alpha(\theta_1^t) = \alpha(\theta_2^t)$。此时，基层公务人员对上级政府类型的固定信念不再影响其决策，基层公务人员目标函数退化为：

$$U_L\left[I\left(\theta_i^t\right),\ s\left(\theta_i^t\right);\ L(s)\right]=\sum_{t=n}^{n+1}\beta_L^{t-n}\sum_{\theta_i^t}u_L^t\left[I_t\left(\theta_i^t\right),\ s_t\left(\theta_i^t\right);\ L_t(s_t)\right] \tag{3-16}$$

将基层公务人员的期望目标函数、个别渎职基层公务人员谎报成功的条件概率和上级政府核查努力程度代入上式，可以计算出上级政府采取强核查策略接连两阶段内迫使基层公务人员如实上报的临界条件为 $\alpha\left(\theta_i^t\right)>\dfrac{V_L-G_L}{kG_L}$。相应地，上级政府采取弱核查策略接连两阶段内迫使个别渎职基层公务人员放弃谎报行为的临界条件为 $\alpha\left(\theta_i^t\right)>\dfrac{V_L-G_L}{G_L}$。这里出现了一种上级政府采取"释放高压强信号"策略的有趣结果。当上级政府的基础核查努力程度处于特定范围之内时，即满足 $\dfrac{V_L-G_L}{kG_L}\leqslant\alpha\left(\theta_i^t\right)\leqslant\dfrac{V_L-G_L}{G_L}$，上级政府可以选择释放高压强信号策略。根据图3-2可知，基层公务人员仅仅能观察到上级政府发送的强核查信号，并据此决定如实续报灾情。因此，上级政府采取"释放高压强信号"的策略，既可以督促基层公务人员如实上报灾情又可以节约核查成本。值得注意的是，在本书的多阶段重复博弈模型中，没有进一步考虑基层公务人员发现上级政府实际上采取"释放高压强信号"策略后具有的学习能力，或上级政府采取"释放高压强信号"策略对于下一周期收益的声誉效应。

结论3-3：当不同类型上级政府具有相同的灾情核查能力时，上级政府的基础核查努力程度处于特定的区间范围，即 $\dfrac{V_L-G_L}{kG_L}\leqslant\alpha\left(\theta_i^t\right)\leqslant\dfrac{V_L-G_L}{G_L}$，上级政府可以采取"释放高压强信号"策略，迫使基层公务人员如实上报灾情。

进一步考虑上级政府在两阶段分别采取"先强后弱"的核查策略，或者"先弱后强"的核查策略，我们关注的问题是：哪一个策略更有利于抑制个别渎职基层公务人员的谎报行为？当上级政府采取"先弱后强"的核查策略时，个别渎职基层公务人员两阶段均采取谎报灾情策略的目标函数是 $U_L\left[I\left(\theta_i^l\right)=\{0,1\}\right]=-G_L(1+\beta_L)+V_L\left(\dfrac{1}{1+\alpha\left(\theta_i^l\right)}+\right.$

$\left.\dfrac{\beta_L}{1+k\alpha\left(\theta_i^l\right)}\right)>0$，当上级政府采取"先强后弱"的核查策略时，个别渎职基层公务人员的目标函数是 $U_L\left[I\left(\theta_i^l\right)=\{1,0\}\right]=-G_L(1+\beta_L)+$

$V_L\left(\dfrac{1}{1+k\alpha\left(\theta_i^l\right)}+\dfrac{\beta_L}{1+\alpha\left(\theta_i^l\right)}\right)>0$，两者差值为 $U_L\left[I\left(\theta_i^l\right)=\{1,0\}\right]-U_L\left[I\left(\theta_i^l\right)=\right.$

$\{0,1\}]=\dfrac{(k-1)\alpha\left(\theta_i^l\right)V_L}{\left(1+\alpha\left(\theta_i^l\right)\right)\left(1+k\alpha\left(\theta_i^l\right)\right)}(1-\beta_L)$。同时，在"先强后弱"核查

策略下谎报需要贴现率满足临界条件 $\left(G_L-\dfrac{V_L}{1+k\alpha\left(\theta_i^l\right)}\right)\Big/\left(\dfrac{V_L}{1+\alpha\left(\theta_i^l\right)}-G_L\right)<\beta_L\leqslant1$。此时，上级政府采取

"先强后弱"的核查策略相对于"先弱后强"核查策略，更有利于降低个别渎职基层公务人员谎报的总收益。随着未来收益贴现率 $\beta_L$ 的增大，两个策略的差异逐渐缩小。

结论 3-4：当个别渎职基层公务人员的收益贴现率满足条件 $\left(G_L-\dfrac{V_L}{1+k\alpha\left(\theta_i^l\right)}\right)\Big/\left(\dfrac{V_L}{1+\alpha\left(\theta_i^l\right)}-G_L\right)<\beta_L\leqslant1$ 时，上级政府采取"先

强后弱"的核查策略相对于"先弱后强"核查策略，更有利于降低个别渎职基层公务人员谎报的总收益；当收益贴现率较低，即

$0\leqslant\beta_L<\left(G_L-\dfrac{V_L}{1+k\alpha\left(\theta_i^l\right)}\right)\Big/\left(\dfrac{V_L}{1+\alpha\left(\theta_i^l\right)}-G_L\right)$ 且 $\dfrac{V_L-G_L}{kG_L}\leqslant\alpha\left(\theta_i^l\right)\leqslant\dfrac{V_L-G_L}{G_L}$

时，无论上级政府采取"先强后弱"还是"先弱后强"策略，基层公

务人员均如实上报灾情。

考虑第二种特殊情况：两类政府的核查能力相差悬殊。作为双方的共同知识，此时弱上级政府由于核查能力限制无法甄别谎报现象 $c_t[1, e_t(\theta_2^I)] = 1$，而强上级政府可以精准甄别谎报现象 $c_t[1, e_t(\theta_1^I)] = 0$。但是，对于基层公务人员来说并不能确切知晓自己所面对上级政府属于强弱哪种类型。

首先，如果两种核查能力悬殊的上级政府之间不存在着相互伪装的"说谎话"，即处于分离均衡。此时，个别渎职基层公务人员谎报成功的概率等于其认为上级政府是弱政府的概率。分析式（3-9）可得，在面对强上级政府时，基层公务人员将如实上报灾情，此时收益为0；在面对弱上级政府时，个别渎职基层公务人员采取谎报的策略将获得成功，其目标函数为 $u_t^I[I_t(\theta_i^I), s_t(\theta_i^I); L_t(s_t), p_t^I] = \max\limits_{\{L_t, s_t\}}\{0, V_L - G_L\}$。因此，仅当满足条件 $V_L > G_L$ 时，对于核查能力很低的弱上级政府，个别渎职基层公务人员采取谎报策略。

结论3-5：当不同类型的上级政府核查能力差异较大时，面对弱上级政府，个别渎职基层公务人员谎报灾情的收益和成本如果满足条件 $V_L > G_L$，个别渎职基层公务人员会谎报灾情。否则，会如实上报。

其次，如果两种类型上级政府之间存在着相互伪装的"说谎话"行为，并且一旦被个别渎职基层公务人员识别出来后无法继续伪装，那么，在第一阶段，个别渎职基层公务人员以先验概率 $p_t^I$ 判断上级政府类型，若第一阶段谎报成功，则进入第二阶段时 $p_{t+1}^I = 0$，若第一阶段谎报失败，则进入第二阶段时 $p_{t+1}^I = 1$。由式（3-8）可得个别渎职基层公务人员第一阶段谎报的收益为：

$$u_t^I[I_t(\theta_t^I), s_t(\theta_t^I); L_t(s_t), p_t^I(s_t)] = p_t^I \cdot (-g_L) + p_t^I \cdot (-G_L + V_L) \tag{3-17}$$

若上级政府为强政府，则个别渎职基层公务人员第一阶段谎报必然被发现，第二阶段继续谎报的收益为：

$$u_{t+1}^L\left[I_{t+1}\left(\theta_t^l\right),\ s_{t+1}\left(\theta_t^l\right);\ L_{t+1}\left(s_{t+1}\right),\ p_{t+1}^l\left(s_{t+1}\right)\right]=\beta_L\cdot\left(-G_L\right) \qquad (3\text{-}18)$$

式（3-18）结果显然为负值，因此个别渎职基层公务人员在第二阶段会放弃谎报行为，得到如实报送灾情的收益0，此时个别渎职基层公务人员两阶段谎报的总收益：

$$U_t\left[I_t\left(\theta_t^l\right),\ s_t\left(\theta_t^l\right);\ L_t\left(s_t\right),\ p_t^l\left(s_t\right)\right]=\left[p_t^l\left(-g_L\right)+\left(1-p_t^l\right)\left(-G_L+V_L\right)\right] \quad (3\text{-}19)$$

分析式（3-19），对强上级政府来说，迫使个别渎职基层公务人员放弃谎报行为的临界条件是：

$$p_t^l>\left(V_L-G_L\right)/V_L \qquad (3\text{-}20)$$

若上级政府为弱政府，则个别渎职基层公务人员第一阶段谎报不会被发现，第二阶段继续谎报收益：

$$u_{t+1}^L\left[I_{t+1}\left(\theta_t^l\right),\ s_{t+1}\left(\theta_t^l\right);\ L_{t+1}\left(s_{t+1}\right),\ p_{t+1}^l\left(s_{t+1}\right)\right]=\beta_L\cdot\left(-G_L+V_L\right) \qquad (3\text{-}21)$$

在此情况下，个别渎职基层公务人员在第二阶段会继续谎报，得到谎报灾情的收益 $\beta_L\cdot\left(-G_L+V_L\right)$，此时个别渎职基层公务人员两阶段的总收益为：

$$\begin{aligned}U_t\left[I_t\left(\theta_t^l\right),\ s_t\left(\theta_t^l\right);\ L_t\left(s_t\right),\ p_t^l\right]=&\left[p_t^l\left(-g_L\right)+\left(1-p_t^l\right)\left(-G_L+V_L\right)\right]+\\&\beta_L\left(-G_L+V_L\right)\end{aligned} \qquad (3\text{-}22)$$

分析式（3-22），对弱上级政府来说，迫使个别渎职基层公务人员放弃谎报行为的临界条件是：

$$p_t^l>\frac{V_L-G_L}{V_L}\left(1+\beta_L\right) \qquad (3\text{-}23)$$

分析式（3-22）与式（3-23），对于两类上级政府部门来说，迫使个别渎职基层公务人员在第一阶段放弃谎报的临界条件不同，对于弱政府来说，其需要塑造更好的政府形象。但是，由于个别渎职基层公务人员只有在观察到谎报核查结果后，才会识别所面对上级政府的具体类型，个别渎职基层公务人员在行动之初，并不能准确识别所面对的上级政府类型。所以，对个别渎职基层公务人员来说，其是否在起始阶段谎报的临界条件是：

$$p_t^{lr} > \frac{V_L - G_L}{V_L} \cdot \left[ p_t^l + (1 - p_t^l)(1 + \beta_L) \right] \tag{3-24}$$

**结论3-6**：当两类上级政府的核查能力差距处于极端情况，且个别渎职基层公务人员只有在观察到初始阶段核查结果后才能对上级政府类型进行识别时，个别渎职基层公务人员是否会在初始阶段谎报灾情，取决于其对上级政府为强政府的先验信念，当先验信念大于临界值 $\left[ 1 + (1 - p_t^l)\beta_L \right](V_L - G_L)/V_L$ 时，个别渎职基层公务人员会在初始阶段放弃谎报。

由结论3-6我们发现，当两类上级政府的核查能力处于极端情况，并且个别渎职基层公务人员在第一阶段对上级政府类型未知的情境下，个别渎职基层公务人员在第一阶段是否谎报主要受到其对上级政府类型先验信念的影响。即便弱上级政府完全无法识别地方的谎报事件，也存在着可以迫使个别渎职基层公务人员放弃谎报的临界条件。所以，对于上级政府来说，想更好地利用信息优势，避免谎报事件的发生，就要注意维护工作形象，塑造良好声誉。

最后，我们分析强弱两种类型的上级政府彼此存在着混同均衡的一般情况。一般来说，强核查能力的上级政府不会伪装成弱核查能力的上级政府。因此，本章考虑弱核查能力的上级政府伪装成强核查能力的上级政府，在"释放高压强信号"策略下，基层公务人员采取如实报送灾情策略的均衡情况。

分析当基层公务人员两阶段在弱核查能力的上级政府采取"释放高压强信号"策略下，都采取如实上报策略的均衡，则根据式（3-4）和式（3-8），需要满足如下条件：

$$E\left[u_t^L\left(I_t\left(\theta_2^l\right)=1,\ s_t\left(\theta_2^l\right);\ \ L_t(s_t),\ p_t^l\right)\cdot p_t^l\right]<0 \qquad (3\text{-}25)$$

$$E\left[\begin{array}{l}u_t^L\left(I_t\left(\theta_2^l\right)=1,\ s_t\left(\theta_2\right);\ \ L_t(s_t),\ p_t^l\right)\cdot p_t^l\\[2mm]+\beta u_{t+1}^L\left(I_t\left(\theta_2^l\right)=1,\ s_t\left(\theta_2^l\right);\ \ L_t(s_t),\ p_t^l\right)\cdot p_{t+1}^l\end{array}\right]<0 \qquad (3\text{-}26)$$

在多阶段博弈的解析式中，受概率 $p_t^l$ 的幂次影响，由式（3-25）和式（3-26）联立组成的临界条件无法得出显式解，下文将结合辽宁省 2012 年 "8·4" 洪水事故，采用案例数据辅以情境分析的方法进行深入讨论。

## 3.4　数值分析

灾害具有的突发性、不可重复性等特征，导致公开数据资料匮乏，同时灾害救援的情境依赖性使救援事后访谈难以重现。尤其是在灾情核查问题中，所逃脱的防灾减灾不力的行政问责、谎报灾情曝光后受到的责罚和灾情核查能力等都难以通过后续记录量化处理。现有研究针对灾害管理问题普遍采用数理建模求解，辅以数值分析的方法进行验证（Vanajakumari，Kumar，and Gupta，2016；Aflaki and Pedraza-Martinez，2016；林琪、赵秋红、倪冬梅，2018）。本节主要关注灾情信息不对称情况下，上级政府如何避免地方谎报灾情事件的发生。在式（3-7）的推导过程中已经证明，此模型可以用于研究瞒报灾情以逃脱责罚的问题，所以本节选取辽宁省 2012 年 "8·4" 洪水瞒报事件作为案例，以事实案例为基础，辅以情境分析的方法，对结论影响较大且难以观测或量化的变量进行敏感性分析。

受我国东亚季风气候的地理环境影响，作为沿海地区之一的辽宁省洪涝灾害频发。2010 年以来，辽宁省区域内共发生各类洪涝灾害

30余次（黄猛，2019）。2012年，辽宁省遭受了2次强台风和6次覆盖全省的强降雨袭击，全省直接经济总损失196.2亿元（穆连萍，2013）。根据新华网、观察者网和人民网等公开媒体资料，辽宁省2012年"8·4"洪水事故中，多个地方县市政府都存在瞒报伤亡人数的恶劣行为。其中，某乡镇实际死亡失踪人数共计36人，而根据当地政府官网8月6日消息，"据不完全统计，目前岫岩死亡5人、失踪3人"。之后，再无死亡人数的公开通报，最后遇难者人数定格为8人，瞒报死亡人数28人。当地政府为平息群众舆论，在受领人没有签认任何书面材料的情况下，私下里给予每名遇难者家属3万元"丧葬费"。后经社会检举、媒体访查，该起瞒报事件直至4年后才"浮出水面"，相关责任人受到党纪和行政处分。

岫岩地区灾害事故瞒报事件被媒体公开报道后，与其仅有一山之隔的另一乡镇的群众也反映当地存在瞒报遇难人数的问题。在2012年夏季同起洪水事件中，当地政府官方网站于2012年8月12日、8月26日先后两次发表声明，其内容分别为"无伤亡、无失踪，准备充分创造了奇迹""该市安全转移5万多人，现场解救37人，没有一人因灾伤亡，财产损失也降到了最低，抗洪救灾初战告捷"。而据中国之声报道，该地共有5人死亡，3人失踪。当地政府反复多次发生的灾情瞒报事件，从一个侧面反映出当地政治生态建设存在着严重的问题，需要上级政府加大核查力度，坚决整治当地政府热衷于弄虚作假的不良政治生态环境。

### 3.4.1 单阶段灾情核查的数值分析

上级政府对于灾情的核查响应力度，取决于灾害所导致的伤亡人数。根据国务院办公厅印发修订后的《国家自然灾害救助应急预案》规定，因灾死亡30人以上的，需要启动"Ⅳ级应急响应"。一些地方个别渎职基层公务人员担心在天灾中调查出"人祸"，因此会瞒报。逃避因防灾减灾工作所导致的追责，是辽宁"8·4"洪水瞒报事件的动因。而个别渎职基层公务人员防灾减灾不力的追责往往为党内警告、撤销行政职务等行政处罚而非经济处罚，难以量化；此外，上级政府的核查能力，与政府工作人员素质、人员数量、办公设施以及规章制度是否健全等相关，同样难以通过以往数据量化。根据结论3-1，政府的核查努力程度、瞒报的预期收益都是影响个别渎职基层公务人员决策的关键因素，因此本节对以上两点进行敏感性分析。

在"8·4"洪水事件中，个别渎职基层公务人员对每名遇难者家属私下里给予3万元"丧葬费"补贴，主要目的是平息舆论，避免东窗事发、瞒报行为被披露。该"丧葬费"可视为其瞒报行为的粉饰成本，即 $g_L = 36 \times 3 = 108$（万元）。根据辽宁省防汛抗旱指挥部办公室等部门对辽宁洪涝灾害统计工作的总结，现阶段辽宁省洪涝灾害统计存在着灾情信息报送网络体系不够完善、基层统计人员水平整体偏低、部门之间灾情数据部分存在差异等诸多问题，由此可以推断，个别渎职基层公务人员认为上级政府为强政府的概率较小，假设 $p^H = 0.4$，$k = 2$，上级政府的基础核查努力程度 $\alpha(\theta_2') = 1$，$\alpha(\theta_1') = 2$。由于这起瞒报事件被舆论曝光，瞒报失败后涉及的相关市县两级政府15名公务人员受到了党纪和行政处分，该责罚记为 $m_L = 100$ 万元。由于该起事件未能瞒报成功，因此对成功瞒报灾情的获益（即逃脱了救灾不力的行政问责）$v_L$ 无法确定，这里对其进行敏感性分析。分析结果如图3-3所示。

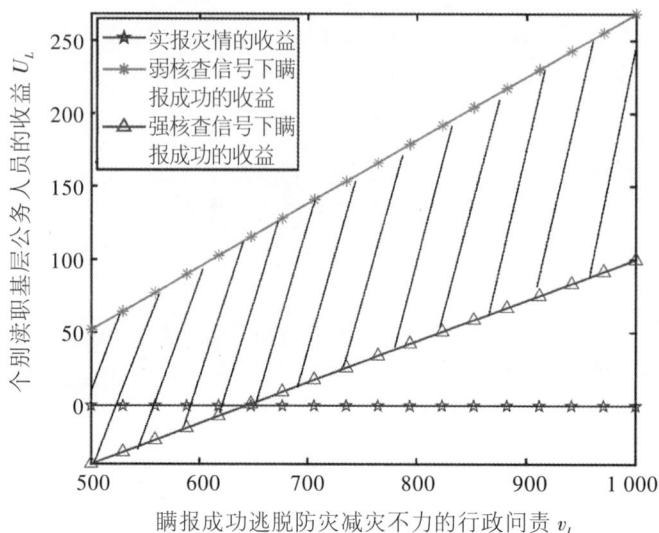

**图 3-3　单阶段下个别渎职基层公务人员瞒报成功的收益对目标函数的影响**

**观察 3-1**：在单阶段灾情核查中，随着上级政府对防灾减灾工作不力追责的加重，个别渎职基层公务人员谎报的收益也随之增大。上级政府发送强核查信号对个别渎职基层公务人员谎报行为的约束作用更有效。

对个别渎职基层公务人员防灾减灾工作不力所给予的行政问责，是为了督促基层公务人员在灾害管理工作中尽职尽责。然而，对灾害管理工作不力的追责，反而导致谎报灾情的收益提高，即追责越严重、个别渎职基层公务人员谎报成功的收益越大，动机越强烈。在辽宁"8·4"洪水事件中，伤亡人数超过30人，足以启动"Ⅳ级应急响应"，个别渎职基层公务人员为逃避责罚，置政府形象、瞒报追责于不顾，铤而走险，以身试法，造成了恶性事件的发生。但是如图3-3所示，在灾情的核查工作中，"强核查信号"降低了个别渎职基层公务人员瞒报灾情的期望收益，对于个别渎职基层公务人员的瞒报行为仍然起到了显著的约束作用。结合辽宁"8·4"洪水事故中基层公务人员对上级政府核查能力的信念和个别渎职基层公务人员瞒报所逃脱的行政问责，分析在本例中基层公务人员选择灾情报送策略的混同均衡和分离均衡，结果如图3-4所示。

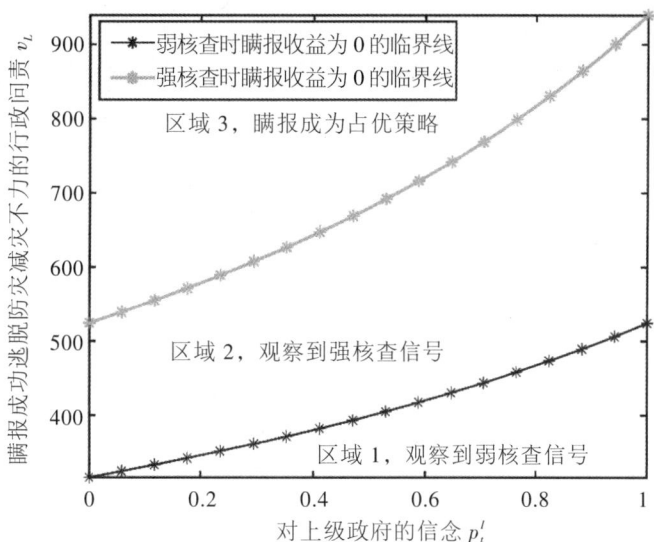

**图3-4 单阶段下基层公务人员的信念和瞒报成功的收益对均衡策略的影响**

观察3-2：个别渎职基层公务人员瞒报灾情的行为受其对上级政府核查能力的信念与其瞒报灾情的收益（即逃脱因防灾减灾不力所应受的行政问责）的共同影响，实报灾情的均衡区域与对上级政府强核查能力的信念成正比，与个别渎职基层公务人员瞒报的收益成反比。

图3-4中，上面线条表示强核查策略足以迫使基层公务人员放弃瞒报灾情的临界线，下面线条表示弱核查策略足以迫使基层公务人员放弃瞒报策略的临界线。在区域3瞒报灾情成为混同均衡，个别渎职基层公务人员瞒报预期收益较高，相对来说被甄别的概率低，所以个别渎职基层公务人员无论从上级政府观测到强核查策略信号还是弱核查策略信号都会选择瞒报灾情；在区域1实报灾情成为混同均衡，由于政府声誉提高，个别渎职基层公务人员瞒报灾情被甄别的概率提

高，并且瞒报行为的收益比较低，所以基层公务人员无论从上级政府处观测到何种信号都会如实上报灾情；在区域2的分离均衡情况中，个别渎职基层公务人员观察到弱核查信号瞒报灾情、观察到强核查信号实报。此时，上级政府可以通过选择弱核查策略而公布强核查信号的策略组合方式，既可以降低成本又可以督促基层公务人员如实上报。由此，辽宁省政府尽管在洪涝灾害的核查统计工作中仍存在许多问题，但是合理设置对防灾减灾工作不力的追责，仍然可以实现在当前核查能力情况下发布更为严苛的核查信号，通过采取"释放高压强信号"策略，治理灾情上报乱象。

### 3.4.2 两阶段灾情核查的数值分析

在辽宁"8·4"洪水事故中，仅有一山之隔的两个乡镇，先后都出现了瞒报伤亡人数的恶性事件。虽然两起事件发生在同一场洪涝灾害中，但是两个乡镇都在辽宁省辖下，面临同一个上级政府。前者瞒报行为的成功对后者灾情报送的决策产生了影响，使后者对于政府核查能力的先验信念降低，加强了瞒报动机。因此根据事件性质来看，可以近似为两阶段的瞒报问题。

在瞒报事件中，个别渎职基层公务人员给予每名遇难者家属3万元"丧葬费"，以期平息舆论。该部分支出可以视为个别渎职基层公务人员掩饰灾害实情所付出的成本。第一阶段付出粉饰成本 $g_{1L} = 36 \times 3 = 108$（万元），第二阶段付出粉饰成本 $g_{2L} = 8 \times 3 = 24$（万元）。第一阶段，个别渎职基层公务人员对上级政府核查能力较强的先验信念为 $p_t^I$，瞒报行为成功后，第二阶段信念更新为 $p_{t+1}^I = \dfrac{p_t^I c_t(\theta_1^I)}{p_t^I c_t(\theta_1^I) + (1 - p_t^I) c_t(\theta_2^I)}$，假定个别渎职基层公务人员贴现系数 $\beta_L =$

0.8，其他参数设置同3.4.1节，对个别渎职基层公务人员对上级政府工作能力的信念和瞒报的获益进行敏感性分析，分析结果如图3-5所示。

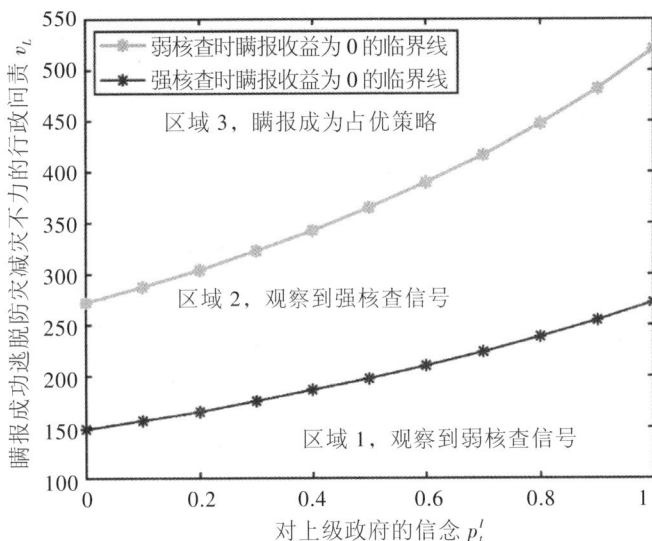

图3-5　两阶段下个别渎职基层公务人员的信念和瞒报成功的
收益对均衡策略的影响

观察3-3：与单阶段问题相比较，在两阶段的灾情核查过程中，由于在第二阶段中上级政府核查能力的声誉降低，更小的获益值就会导致瞒报行为的发生。

在辽宁"8·4"洪水事故中，由于上级政府核查工作不力，具有侥幸心理的个别渎职基层公务人员更加肆意妄为，导致了连环灾情瞒报事件的发生，使政府公信力遭受了严重的损失。通过敏感性分析结果可知，单阶段的结论可以拓展到多阶段问题。与观察3-2类似，图3-5中，上面线条表示强核查策略迫使个别渎职基层公务人员放弃瞒报灾情的临界线，下面线条表示弱核查策略迫使个别渎职基层公务人员放弃瞒报策略的临界线。在区域2分离均衡区域（即个别渎职基层公务人员观测到弱核查信号瞒报灾情、观察到强核查信号如实上报灾情），弱上级政府仍然可以发布强核查策略信号，通过"释放高压强信号"的策略迫使个别渎职基层公务人员放弃瞒报灾情。因此政府部门在改进自身灾情核查存在的问题、提升核查能力的同时，也要注意对灾情核查制度、相关法规文件等灾情核查信号的完善与补充。

## 3.5　本章小结

重大突发事件的报送与核查关系到应急响应的实施效率和政府的公信力。出于骗取救灾钱款和逃避救灾不力问责的动机，个别渎职基层公务人员谎报灾情的事件屡屡发生。而在我国政府主导、属地管理、自上而下的突发事件应急管理模式下，快速上报和精准核查是政府开展一切应急响应工作的依据和前提。本章构建了个别渎职基层公务人员多阶段灾情谎报与核查问题的信号博弈模型，为遏制谎报灾情事件和提升国家治理能力现代化提供了理论借鉴。

本章假设上级政府对于自身核查能力和实际核查策略具有双重私人信息，对外公布的灾情核查策略是基层公务人员可以观察到的信号，构建了两级政府灾情谎报与核查问题的多阶段信号博弈模型。个别渎职基层公务人员谎报行为影响因素包括谎报灾情的预期收益和成本、对上级政府核查工作能力的信念。当上级政府核查工作努力程度比较低时，谎报灾情是基层公务人员的最优策略。所以，上级政府不仅需要提升专家组的专业知识能力，而且需要运用大数据等技术提高核查能力和效率以减少个别渎职基层公务人员谎报灾情的净收益。同时，在一定信号成本范围内，上级政府采取"释放高压强信号"的策略，可以在降低核查成本的情况下迫使个别渎职基层公务人员放弃谎报行为。在多阶段灾情报送和核查工作中，富有远见的上级政府采取"先强后弱"的核查策略更有利于减少个别渎职基层公务人员瞒报谎报行为。

本章的研究还可以进行一些拓展。首先，本章主要针对个别渎职基层公务人员假借救灾之机虚报数据套取赈灾钱物的乱象治理。在实际监管实践中，不同部门以及行业之间的风险偏好程度可能不尽相同，因此未来研究可在本章研究基础上探讨不同风险厌恶程度参与方对灾情核查的影响。此外，本章研究中由于上级政府具有多重私人信息，因此并没有设置基层公务人员观察到信号后更新信念的机制，以后可以进一步分析观察信号后信念更新机制对灾情核查策略的影响。最后，随着无人机和卫星遥感等新技术和自媒体兴起，基层公务人员灾情救援工作面临着越来越透明化和快速反应的压力，未来需要进一步关注颠覆性新技术以及大数据技术在灾情信息报送中的作用。

4

# 基于信号博弈的上级政府救灾监督甄别策略研究

为了确保灾害救援各项工作的顺利实施，上级政府在分拨救灾资金后，仍需要对基层公务人员在灾害救援的过程当中是否存在责任落实不到位、应对措施不扎实以及搞形式主义等恶劣行为进行进一步的监督和审查（贺国强，2011）。2015年，陕西省委巡视组在巡视过程中发现当地民政厅违反财务制度，挪用近9 000万元救灾资金修建"经济适用房"项目，影响十分恶劣①。2018年，河南省某地地方干部因挪用小麦倒伏救灾补助，被给予党内严重警告处分②。截留、挪用救灾款项之所以层出不穷，究其原因：一方面，由于政府拨款审批程序复杂，救灾使用的机制中仍然存在不透明的问题；另一方面，对灾民资金的救助标准和分发方式也往往由基层公务人员定夺，有自利倾向的基层公务人员可以通过操控对抗灾救灾信息的披露去隐蔽其自身在救援过程中的渎职行为，关于救灾资金使用的信息披露也存在着不透明的问题（王树兵、李西文，2014）。而基层公务人员对救灾资金使用情况的信息披露，是上级政府制定监督核查策略的重要依据。但是，由于当前阶段各个政府部门内部缺乏统一有效的救灾资金信息整理和发放体制，各部门之间信息平台协同水平比较低，因此我国救灾资金使用仍然存在着透明度不高、信息披露力度不大的弊端（魏云娇，2021）。这给上级政府的救灾资金监督工作带来了较大困难。因此，在基层公务人员对自身是否拥有自利动机具有私人信息的背景下，上级政府如何根据基层披露的救灾信息制定核查策略以实现信息甄别，是灾害救援过程中政府渠道资金管理的又一重要问题。

4.1节给出了上级政府对基层公务人员救灾行为监督的背景，着重分析了上级政府实现信息甄别的主要影响因素，阐述了"是什么"

---

① 佚名.陕西民政厅被指挪用9 000万救灾资金［EB/OL］.（2015-06-15）［2024-10-16］.https://china.huanqiu.com/article/9CaKrnJM3iR.
② 佚名.焦作这个书记连救灾款都截留?! 全都被曝光了!［EB/OL］.（2018-12-15）［2024-10-16］https://www.dahebao.cn/dahe/appweb/1309396? cid=1309396

的问题，并为构建基层公务人员具有私人信息下上级政府信息甄别博弈模型提供了理论依据；4.2 节建立了上级政府信息甄别问题的基本模型，分析了现实管理中基层公务人员在灾害救援信息问题中披露混乱的成因，回答了"为什么"的问题；4.3 节在 4.2 节的基础上，进一步分析了信息披露激励制度对上级政府信息甄别的影响，并给出了实现分离均衡的前提条件，为上级政府的信息甄别提供了理论依据，回答了"怎么办"的问题；4.4 节针对政府救灾收益系数、信息披露激励系数等重要参数的影响进行了数值分析，进一步丰富了理论推导的管理含义；4.5 节给出了本章的管理启示和研究局限。

## 4.1 问题提出与前提假设

### 4.1.1 问题提出

根据《中央自然灾害救灾资金管理暂行办法》，为支持基层公务人员开展灾害救援相关工作，上级政府对基层公务人员有资金拨付和监督的责任。进入抗灾救灾阶段，上级政府的决策目的是对基层公务人员的自利行为及时查处，以确保救灾资金的高效使用，避免救灾资金被个别渎职基层公务人员截留、挪用。尽管《中华人民共和国政府信息公开条例》中明确要求政府部门应该对应急公共事件的详细情况进行主动公开，但是，救灾资金的使用与支配均由基层公务人员决定，个别渎职基层公务人员在救灾过程中转而追求个人利益最大化（Becker and Stigler，1974），致使决策目标与上级政府发生偏离（郑利平，2001），转而截留、挪用救灾资金以满足个人意愿。在目前以司法救济为首的信息救济方式下，公众和社会媒体很难获得救灾资金的信息，这也导致了社会媒体良性监督的缺位。然而，负责一线救灾的基层公务人员对其是否具有自利倾向具有信息优势。在监督过程中，如果对非自利型基层公务人员进行高强度的监督，势必会导致办公资源的浪费，影响办公效率；而如果对自利型基层公务人员监管力度不到位，又会导致救灾资金的浪费和流失，自利型基层公务人员的失职行为会进一步加重灾民所遭受的痛苦。上级政府部门需要根据基层公务人员的救灾信息披露质量，有目的地采取适宜的监督措施。为了混淆上级政府监察部门的视线，自利型基层公务人员在对灾害救援信息披露的过程中，可以对非自利型基层公务人员的策略进行模仿。对上级政府部门来说，通过信息披露实现信息甄别，以对自利型基层公务人员的救灾过程实现精准监督，对非自利型基层公务人员进行普通强度的监督，是确保救灾资金使用的又一重要问题。图4-1为信息不对称下救灾监督的决策影响。

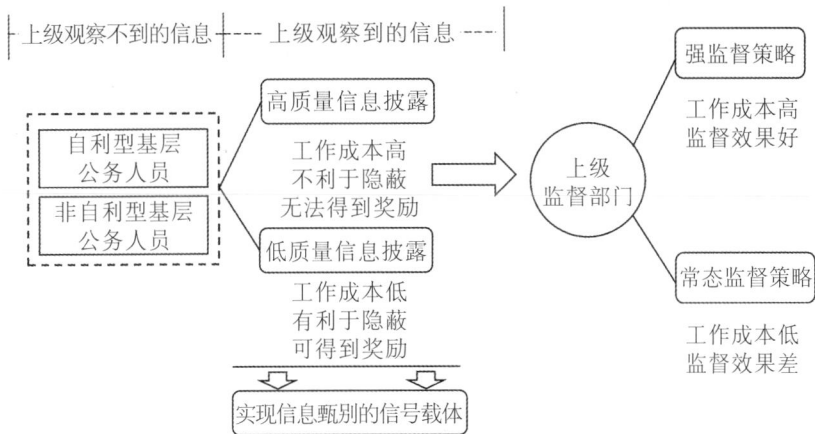

**图4-1 信息不对称下救灾监督的决策影响**

当前，尽管媒体平台多样化，但是社会媒体仍然缺少政府公务信息的获取渠道。因此，基层公务人员的救灾资金披露信息，是上级政府监督的重要依据。在上级部门分拨的抗灾救灾应对专项资金到位后，基层公务人员需要对资金的使用情况进行披露，在披露过程中要遵循可靠性、充分性和及时性原则。披露的信息内容包括灾害救助措施，灾害救助资金物资的来源、分配和使用方面的信息以及灾害救助资金周转与使用评价等方面的信息。上级政府由于无法获知基层公务人员具体的类型（即在灾害救援过程中是否具有自利倾向），因此只能根据基层公务人员对救灾专项资金使用情况的披露信息决定监督工作的力度。对于重大灾害，须成立由中纪委领衔，民政部、财政部、审计署等部门为成员的专项救灾资金监督检查小组。监督过程可以通过听取基层公务人员汇报、查看救灾资金使用台账，以及走访受灾群众等方式实现。在上级政府部门确定救灾资金监督措施后，基层公务人员进一步决定灾害救援的努力程度，具体包括人力、物资的投入，资金调拨效率等方面的内容。

### 4.1.2　前提假设

在两级政府部门对于灾害救援过程的监督管理过程中，负责监督的上级政府部门与救灾一线的基层部门的组织结构十分复杂，监督策略与应对灾害的策略也存在动态调整，同时，双方的信息状态、信号战等方式也会影响彼此的策略实施结果。为突出本章研究重点，特做出如下假设：

假设4-1：根据Becker对公务人员个人偏离行为的理论分析，存在两种类型的基层公务人员，即自利型（*SI*）和非自利型（*NSI*）。其中，自利型基层公务人员在救灾中会保留实力，并存在截留、挪用上级部门拨发的救灾资金的自利行为，而非自利型基层公务人员在灾害救援中可以确保专款专用，尽职尽责。

本章研究目的在于提高上级政府救灾资金监督效率，主要的监督对象为可能采取自利行为、伺机牟利的自利型基层公务人员。但是，这并不意味着作为监督对象的基层公务人员一定会在灾害救援中有截留、挪用救灾资金等失职、渎职的行为。也就是说，对于上级政府部门来说，其监督对象是否会有自利行为是不确定的，但是上级政府部门可以根据以往的观测形成信念。

假设4-2：在信息不对称状态下，上级政府只有通过严格的监督策略才可以识别基层公务人员的具体类型。

现实管理过程中，由于政府拨款审批程序复杂、对灾民资金的救助标准和分发方式也由基层公务人员掌控（王树兵、李西文，2014），加之政府部门之间信息系统兼容性差、报送标准不统一，各部门之间信息共享效率低，政府部门至今缺少统一的资金发放和信息披露激励机制，以上种种原因共同导致了两级政府部门之间关于救灾资金使用信息严格不对称（魏云娇，2021）。这给基层公务人员隐蔽救灾资金使用信息提供了可乘之机，因此，唯有通过极其严格的监督方式，方可发现基层公务人员的自利失职行为。

假设4-3：高质量信息披露会更容易暴露基层公务人员在灾害救援过程中的自利行为，而低质量信息披露更容易掩盖自利行为。

高质量信息披露，需要基层公务人员详尽地整合、公开救灾资金的领取、发放和绩效评价等信息。这意味着隐瞒截留、挪用救灾资金的行为变得更为困难（魏云娇，2021）。因此，对具有自利倾向的基层公务人员来说，进行高质量信息披露不仅意味着要承担更高的信息披露成本，还面临着失职、渎职行为被发现查处的更高风险（孙彤、薛爽，2019）。

假设4-4：基层公务人员对自身在灾害救援的过程中是否具有自利行为具有信息优势。而上级政府只能基于基层公务人员选择信息披露质量高低这一信号，根据贝叶斯法则对其自利行为做出"判断"。

对于具有自利倾向的基层公务人员来说，进行高质量信息披露意味着自利行为被查处的概率更高，因此，具有自利倾向的基层公务人员不会偏好于进行高质量信息披露，这也就给上级政府根据信息披露质量推测基层公务人员类型提供了理论上的可能。

救灾资金使用监督的决策流程如图4-2所示：

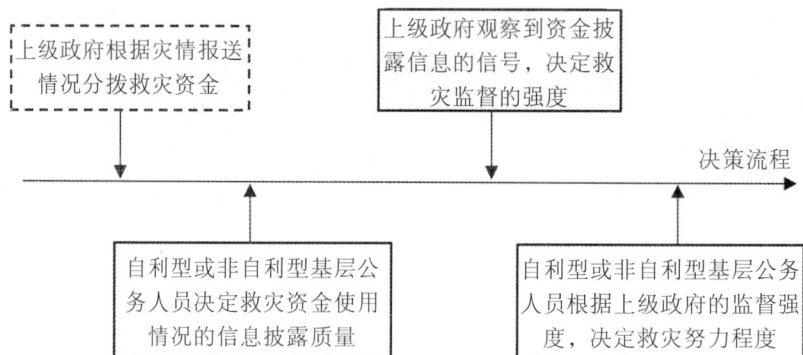

图4-2　救灾资金使用监督的决策流程

## 4.2　无信息披露激励机制下救灾资金监督的信号博弈模型

### 4.2.1　无信息披露激励机制信号博弈模型构建

在两级政府关于救灾资金使用的监督问题中，是否具有自利倾向是基层公务人员的私人信息。上级政府监督部门处于信息劣势地位，其决策目的是通过基层公务人员披露的救灾资金使用信息质量这一信号实现信息甄别，对具有自利倾向的基层公务人员进行强度较高的监督，对不具有自利倾向的基层公务人员进行强度较低的监督。具有信息优势的基层公务人员可分为自利型基层公务人员 $SI$ 和非自利型基层公务人员 $NSI$。自然选择情况下其所对应的概率分别

为 $p_{SI}$ 和 $1 - p_{SI}$。有自利倾向的基层公务人员在抗灾救灾过程中，会利用救灾专项资金牟取非法利益 $Y_L$，出现截留、挪用、冒领、优亲厚友等一系列失职行为。如果基层公务人员存在截留、挪用、冒用救灾资金等自利行为，并被上级政府监督发现，其需要付出损失 $L_L$。而非自利型基层公务人员会在抗灾救灾工作中恪尽职守，不会主观上做出失职行为。基层公务人员有高低两种质量的救灾信息披露策略。与之相对应地，自利型基层公务人员进行高质量信息披露时付出成本 $H_{SI}$。为了计算简便且不失一般性，对进行低质量信息披露时付出的成本做平移处理，假设成本为 0。高质量信息披露的成本高于低质量信息披露的成本。而非自利型基层公务人员进行高质量信息披露时付出更高的成本 $H_{NSI}$，同样地，假设其进行低质量信息披露时付出成本为 0。基层公务人员进行高质量信息披露的成本主要包括两方面因素：一方面是为了提高数据集成化水平和实时监控效率而开发专门的软硬件和人员培训所付出的物质成本；另一方面是提高救灾资金使用信息数据披露频率、提高数据披露质量而付出的人力成本。对于非自利型基层公务人员来说，由于其工作更为认真，信息披露的时效性和真实性相对较好，所以相比于自利型基层公务人员，其进行高质量信息披露所需付出的成本较低，即 $H_{NSI} < H_{SI}$。上级政府监督部门无法准确获知基层公务人员的准确类型，但可以根据初始信念对其类型进行判断，在观测到基层公务人员发送的披露信息后，更新信念 $p_{SI}^*$，在强监督策略 $HV$ 和一般强度的监督策略 $LV$ 之间做出选择，并付出相应的监督成本。由于强监督策略需要付出额外的人力和物力，需要更为严苛的工作流程，所以对于上级政府监督部门来说，强监督策略需要付出的成本更高。此处假设只有强监督策略可以查处发现基层公务人员在抗灾救灾过程

中的自利行为，一般强度的监督策略无法发现。相应地，强监督策略需要付出额外的成本，该额外成本的大小，取决于基层公务人员的信息披露质量。因为，对于基层公务人员来说，低质量信息披露更有利于隐藏其可能的自利行为。若基层公务人员进行高质量信息披露，则上级政府的监督工作相对来说成本更低，为 $C_{HT}$；若基层公务人员进行低质量信息披露，则上级政府的监督工作相对来说成本更高，为 $C_{LT}$。如果基层公务人员的自利行为没有被发现，上级政府会有额外的损失 $Y_H$，具体包括救灾工作延误导致的灾民所付出的额外损失、政府损失的公信力等。如果上级政府成功识别并查处了基层公务人员的自利行为，上级政府会获得额外的收益 $SR$，具体包括避免的基层公务人员失职行为所导致的灾民的损失，政府提升的公信力等。在上级政府明确监督策略以后，基层公务人员需要进一步确定在抗灾防灾过程中的努力程度 $e$（$e_{HV}^{SI}$，$e_{HV}^{NSI}$，分别表示自利型、非自利型基层公务人员在强监督下的努力程度；$e_{LV}^{SI}$，$e_{LV}^{NSI}$，分别表示自利型、非自利型基层公务人员在一般强度监督下的努力程度），具体包括所投入的人力、物力以及工作的细致严谨程度等。自利型和非自利型基层公务人员投入努力程度所获得的收益分别记为 $\alpha_{SI}e$ 和 $\alpha_{NSI}e$，其中 $\alpha$ 表示基层公务人员投入单位努力程度所转化的救灾产出的系数，同等努力程度下非自利型基层公务人员的救灾产出效果更好，所以 $\alpha_{NSI} > \alpha_{SI}$。而基层公务人员救灾投入的成本是关于努力程度的凸函数，满足一阶导数大于零的同时二阶导数也大于零（Toyasaki and Wakolbinger，2014）。两种类型的基层公务人员单位努力程度所对应的成本都可以表示为 $\frac{1}{2}c_{SU}e^2$。图 4-3 为无激励机制下救灾资金监督的信号博弈模型。

$U_{SI}^{PV}\left(LT,\ e_{HV}^{SI},\ p_{SI}^{*}\ ;\ HV\right)$
$U_{I}^{PV}\left(HV,\ p_{SI}^{*}\ ;\ LT,\ e_{HV}^{SI}\right)$ $e_{HV}^{SI}$    $HV$    $HV$    $U_{SI}^{PV}\left(HT,\ e_{HV}^{SI},\ p_{SI}^{*}\ ;\ HV\right)$
$e_{HV}^{SI}$ $U_{I}^{PV}\left(HV,\ p_{SI}^{*}\ ;\ HT,\ e_{HV}^{SI}\right)$

$LT$   $SI$   $HT$

$U_{SI}^{PV}\left(LT,\ e_{LV}^{SI},\ p_{SI}^{*}\ ;\ LV\right)$
$U_{I}^{PV}\left(LV,\ p_{SI}^{*}\ ;\ LT,\ e_{LV}^{SI}\right)$ $e_{LV}^{SI}$   $LV$ $p_{SI}$   $LV$ $e_{LV}^{SI}$ $U_{SI}^{PV}\left(HT,\ e_{LV}^{SI},\ p_{SI}^{*}\ ;\ LV\right)$
$e_{LV}^{SI}$ $U_{I}^{PV}\left(LV,\ p_{SI}^{*}\ ;\ HT,\ e_{LV}^{SI}\right)$

自然 ◯

$1-p_{SI}$

$U_{NSI}^{PV}\left(LT,\ e_{HV}^{NSI},\ p_{SI}^{*}\ ;\ HV\right)$
$U_{I}^{PV}\left(HV,\ p_{SI}^{*}\ ;\ LT,\ e_{HV}^{NSI}\right)$ $e_{HV}^{NSI}$   $HV$   $HV$ $e_{HV}^{NSI}$ $U_{NSI}^{PV}\left(HT,\ e_{HV}^{NSI},\ p_{SI}^{*}\ ;\ HV\right)$
$e_{HV}^{NSI}$ $U_{I}^{PV}\left(HV,\ p_{SI}^{*}\ ;\ HT,\ e_{HV}^{NSI}\right)$

$LT$   $NSI$   $HT$

$U_{NSI}^{PV}\left(LT,\ e_{LV}^{NSI},\ p_{SI}^{*}\ ;\ LV\right)$
$U_{I}^{PV}\left(LV,\ p_{SI}^{*}\ ;\ LT,\ e_{LV}^{NSI}\right)$ $e_{LV}^{NSI}$   $LV$   $LV$ $e_{LV}^{NSI}$ $U_{NSI}^{PV}\left(HT,\ e_{LV}^{NSI},\ p_{SI}^{*}\ ;\ LV\right)$
$U_{I}^{PV}\left(LV,\ p_{SI}^{*}\ ;\ HT,\ e_{LV}^{NSI}\right)$

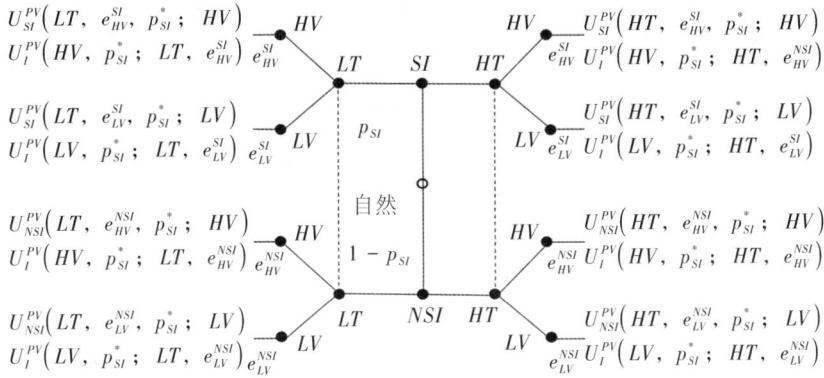

**图4-3　无激励机制下救灾资金监督的信号博弈模型**

当上级政府监督部门观察到低质量信息披露而采取强监督策略时，具有自利倾向的基层公务人员的收益为：

$$U_{SI}^{PV}\left(LT,\ e_{HV}^{SI},\ p_{SI}^{*}\ ;\ HV\right) = Y_L + \alpha_{SI}e_{HV}^{SI} - \frac{1}{2}c_{SU}\left(e_{HV}^{SI}\right)^2 - L_L - L_T \tag{4-1}$$

其中，$Y_L$表示基层公务人员因自利行为所获得的额外收益，$\alpha_{SI}e_{HV}^{SI}$表示救灾工作所产生的收益，$\frac{1}{2}c_{SU}\left(e_{HV}^{SI}\right)^2$表示救灾投入所产生的成本，$L_L$表示基层公务人员因失职自利行为被发现查处所受到的责罚，$L_T$表示基层公务人员因企图通过低质量信息披露混淆视听所受到的额外责罚。

当上级政府监督部门观察到低质量信息披露而采取强监督策略时，具有非自利倾向的基层公务人员的收益为：

$$U_{NSI}^{PV}\left(LT,\ e_{HV}^{NSI},\ p_{SI}^{*}\ ;\ HV\right) = \alpha_{NSI}e_{HV}^{NSI} - \frac{1}{2}c_{SU}\left(e_{HV}^{NSI}\right)^2 \tag{4-2}$$

其中，$\alpha_{NSI}e_{HV}^{NSI}$表示救灾工作所产生的收益，$\frac{1}{2}c_{SU}\left(e_{HV}^{NSI}\right)^2$表示救灾投入所产生的成本。不同于自利型基层公务人员的是，非自利型基层公务人员不会在灾害救援过程中主动出现以获利为目的的截留、挪用救灾资金等工作失职行为，所以收益中不包含自利行为所导致的额外收益和惩罚。

上级政府监督部门由于无法获知基层公务人员的准确类型，所以当其观察到低质量信息披露而采取强监督措施时的期望收益为：

$$\mathrm{E}\left[U_I^{PV}\left(HV,\ p_{SI}^*;\ LT,\ e\right)\right]=p_{SI}^*\left(\gamma e_{HV}^{SI}+SR-Y_S-C_{LT}\right)+\left(1-p_{SI}^*\right)\left(\gamma e_{HV}^{NSI}-C_{LT}\right) \quad (4-3)$$

其中，$p_{SI}^*\left(\gamma e_{HV}^{SI}+SR-Y_S-C_{LT}\right)$ 表示上级政府监督部门面临自利型基层公务人员时的监督收益，$p_{SI}^*$ 表示上级政府对基层公务人员为自利型的信念，也就是基层公务人员有自利倾向的概率。$\gamma e_{HV}^{SI}$ 表示上级政府因自利型基层公务人员救灾投入所获得的收益，$SR$ 表示基层公务人员自利行为被成功查处时，上级政府所获得的收益。$Y_S$ 和 $C_{LT}$ 分别表示上级政府部门因基层公务人员自利行为所导致的救灾工作延误、公信力下降等损失和对低质量信息披露采取强监督的成本。$\left(1-p_{SI}^*\right)\left(\gamma e_{HV}^{NSI}-C_{LT}\right)$ 表示上级政府监督部门面对非自利型基层公务人员时的监督收益，因为非自利型基层公务人员不会在灾害救援过程中主动出现失职行为，所以上级政府既不会因其自利失职而蒙受损失，也不会因查处自利失职行为而获得收益。

当上级政府监督部门观察到低质量信息披露采取一般强度的监督策略时，具有自利倾向的基层公务人员的收益为：

$$U_{SI}^{PV}\left(LT,\ e_{LV}^{SI},\ p_{SI}^*;\ LV\right)=Y_L+\alpha_{SI}e_{LV}^{SI}-\frac{1}{2}c_{SU}\left(e_{LV}^{SI}\right)^2 \quad (4-4)$$

区别于式（4-1）中自利型基层公务人员收益的是，此时由于一般强度的监督行为无法对基层公务人员截留、挪用救灾资金等自利失职行为识别查处，所以自利型基层公务人员不需要承担失职的责任 $L_L$ 和受到通过低质量信息披露蒙混过关的责罚 $L_T$。

当上级政府监督部门观察到低质量信息披露采取一般强度的监督策略时，具有非自利倾向的基层公务人员的收益为：

$$U_{NSI}^{PV}\left(LT,\ e_{LV}^{NSI},\ p_{SI}^{*}\ ;\ LV\right) = \alpha_{NSI}e_{LV}^{NSI} - \frac{1}{2}c_{SU}\left(e_{LV}^{NSI}\right)^{2} \tag{4-5}$$

由于非自利型基层公务人员不会在灾害救援过程中主动出现以获利为目的的截留、挪用救灾资金等工作失职行为，所以其收益不会因上级政府监督策略的改变而发生变化。

对于上级政府监督部门，由于其无法获知基层公务人员的准确类型，所以当其观察到低质量信息披露而采取一般强度的监督措施时的期望收益为：

$$\mathrm{E}\left[U_{I}^{PV}\left(LV,\ p_{SI}^{*}\ ;\ LT,\ e\right)\right] = p_{SI}^{*}\left(\gamma e_{LV}^{SI} - Y_{S}\right) + \left(1 - p_{SI}^{*}\right)\gamma e_{LV}^{NSI} \tag{4-6}$$

其中，$p_{SI}^{*}\left(\gamma e_{LV}^{SI} - Y_{S}\right)$ 表示上级政府监督部门面对自利型基层公务人员时的监督收益。$\left(1 - p_{SI}^{*}\right)\gamma e_{LV}^{NSI}$ 表示上级政府监督部门面对非自利型基层公务人员时的监督收益。尽管此时上级政府无须负担观察到低质量信息披露而采取高强度监督策略所带来的高额成本，但是由于一般强度的监督策略也无法发现自利型基层公务人员的失职行为，所以也承担着失职行为得不到查处而导致的风险。

当上级政府监督部门观察到高质量信息披露采取强监督策略时，具有自利倾向的基层公务人员的收益为：

$$U_{SI}^{PV}\left(HT,\ e_{HV}^{SI},\ p_{SI}^{*}\ ;\ HV\right) = Y_{L} + \alpha_{SI}e_{HV}^{SI} - \frac{1}{2}c_{SU}\left(e_{HV}^{SI}\right)^{2} - H_{SI} - L_{L} \tag{4-7}$$

式（4-7）中基层公务人员收益的基本结构与式（4-1）类似，唯一不同的是，基层公务人员进行高质量信息披露时需要付出更高的成本 $H_{SI}$。

当上级政府监督部门观察到高质量信息披露采取强监督策略时，非自利倾向的基层公务人员的收益为：

$$U_{NSI}^{PV}\left(HT,\ e_{HV}^{NSI},\ p_{SI}^{*}\ ;\ HV\right) = \alpha_{NSI}e_{HV}^{NSI} - \frac{1}{2}c_{SU}\left(e_{HV}^{NSI}\right)^{2} - H_{NSI} \tag{4-8}$$

同理，非自利型基层公务人员也需要付出更高的信息披露

成本 $H_{NSI}$。

对于上级政府监督部门，由于其无法获知基层公务人员的准确类型，所以当其观察到高质量信息披露而采取强监督措施时的期望收益为：

$$\mathrm{E}\left[U_I^{PV}\left(HV,\ p_{SI}^*;\ HT,\ e\right)\right]=p_{SI}^*\left(\gamma e_{HV}^{SI}+SR-Y_s-C_{HT}\right)+\left(1-p_{SI}^*\right)\left(\gamma e_{HV}^{NSI}-C_{HT}\right) \quad (4\text{-}9)$$

其中，$p_{SI}^*\left(\gamma e_{HV}^{SI}+SR-Y_s-C_{HT}\right)$ 表示上级政府监督部门面对自利型基层公务人员时的监督收益。$\left(1-p_{SI}^*\right)\left(\gamma e_{HV}^{NSI}-C_{HT}\right)$ 表示上级政府监督部门面对非自利型基层公务人员时的监督收益。不同于式（4-3）的是，由于此时基层公务人员进行了高质量信息披露，信息披露内容中关于灾害救助措施，灾害救助资金物资的来源、分配和使用方面的信息以及灾害救助资金周转与使用评价等方面的信息更为翔实，因此上级政府的监督工作更易开展，对高质量信息披露进行监督的成本更低，即 $C_{HT}<C_{LT}$。

当上级政府监督部门观察到高质量信息披露采取一般强度的监督策略时，具有自利倾向的基层公务人员的收益为：

$$U_{SI}^{PV}\left(HT,\ e_{LV}^{SI},\ p_{SI}^*;\ LV\right)=Y_L+\alpha_{SI}e_{LV}^{SI}-\frac{1}{2}c_{SU}\left(e_{LV}^{SI}\right)^2-H_{SI} \quad (4\text{-}10)$$

与式（4-4）不同的是，尽管此时由于一般强度的监督策略无法对基层公务人员截留、挪用救灾资金等自利失职行为识别查处，自利型基层公务人员不需要承担失职的责任 $L_T$，但是由于基层公务人员进行了高质量的工作信息披露，所以需要付出更高的信息披露成本 $H_{SI}$。

当上级政府监督部门观察到高质量信息披露采取一般强度的监督策略时，具有非自利倾向的基层公务人员的收益为：

$$U_{NSI}^{PV}\left(HT,\ e_{LV}^{NSI},\ p_{SI}^*;\ LV\right)=\alpha_{NSI}e_{LV}^{NSI}-\frac{1}{2}c_{SU}\left(e_{LV}^{NSI}\right)^2-H_{NSI} \quad (4\text{-}11)$$

相比于式（4-5），同理，非自利型基层公务人员也需要付出更

高的信息披露成本 $H_{NSI}$。而由于非自利型基层公务人员不会主动出现失职行为，所以其收益不会受到上级政府监督策略的影响，因此式（4-11）的结构与式（4-8）相似。

对于上级政府监督部门，由于其无法获知基层公务人员的准确类型，所以当其观察到高质量信息披露而采取一般强度的监督策略时的期望收益为

$$\mathrm{E}\left[U_I^{PV}\left(LV, \, p_{SI}^*; \quad HT, \, e\right)\right] = p_{SI}^*\left(\gamma e_{LV}^{SI} - Y_S\right) + \left(1 - p_{SI}^*\right)\gamma e_{LV}^{NSI} \tag{4-12}$$

其中，$p_{SI}^*\left(\gamma e_{LV}^{SI} - Y_S\right)$ 表示上级政府监督部门面对自利型基层公务人员时的监督收益。$\left(1 - p_{SI}^*\right)\gamma e_{LV}^{NSI}$ 表示上级政府监督部门面对非自利型基层公务人员时的监督收益。由于上级政府没有采用强度较高的监督措施，其在监督过程中所需付出的成本较低，信息披露质量不再影响其监督成本，所以式（4-12）收益结构与式（4-6）中观察到低质量信息披露而采取一般强度的监督措施类似。

### 4.2.2 无信息披露激励机制信号博弈均衡状态分析

根据不完全信息动态博弈的精炼贝叶斯纳什均衡的定义，均衡解受到基层公务人员和上级政府监督部门的最优策略以及上级政府监督部门对基层公务人员的信念 $p_{SI}^*$ 的影响（Fudenberg and Tirole，1991）。对于本节所研究的救灾资金使用情况的监督问题，上级政府监督部门仅能通过基层公务人员对救灾资金使用的信息披露质量判断基层公务人员的类型。当两类基层公务人员在均衡状态下发送同样质量的信息披露信号时，上级政府监督部门无法根据信号判断基层公务人员的类型，此时信念不更新，即 $p_{SI}^* = p_{SI}$；当自利型基层公务人员和非自利型基层公务人员在均衡状态下发出的信息披露质量不相同时，上级政府监督部门可以根据信息披露质量的信号判断其类型，此时 $p_{SI}^* = 0$ 或

$p_{SI}^* = 1$（Zhuang and Alagoz，2010；李莉，2015）。在此基础上定义救灾资金使用监督问题均衡解如下：

**定义4-1**：两级政府间救灾资金使用监督问题的精炼贝叶斯纳什均衡解应满足以下条件：对于给定的某类型的基层公务人员披露的信息质量，上级政府更新信念后选择最大化监督收益的监督策略；对于给定的上级政府对于基层公务人员类型的后验信念，基层公务人员采取可以最大化自身收益的信息披露策略和救灾努力程度。

分析图4-3可知，对自利型基层公务人员来说，是否进行高质量信息披露，取决于自利行为在高强度监督下败露而遭受的惩罚和信息披露的成本。与此不同的是，非自利型基层公务人员由于没有主动进行截留、挪用救灾资金的动机，因此并不会遭受由自利行为导致的处罚。对非自利型基层公务人员来说，披露高质量信息只会带来更高的信息披露成本，因此非自利型基层公务人员并没有披露高质量信息的动机。所以在不考虑信息披露激励的监督模式下，只可能存在两种信息披露的均衡：一种是自利型基层公务人员和非自利型基层公务人员都进行低质量信息披露的混同均衡模式{LT，LT}；另一种是自利型基层公务人员进行高质量信息披露，而非自利型基层公务人员进行低质量信息披露的分离均衡模式{HT，LT}。接下来将对两种均衡模式进行进一步分析。

首先，分析两种类型的基层公务人员都进行低质量信息披露的混同均衡{LT，LT}。此时，由于两种类型的基层公务人员披露的信息质量相同，上级政府无法根据信息披露质量判断基层公务人员的类型。由式（4-3）中上级政府观测到低质量信息披露而采取强监督措施所得收益，和式（4-6）中观察到低质量信息披露而采取一般强度的监督措施所得收益相减可得：

$$\mathrm{E}\left[U_l^{PV}(HV,\ p_{SI}^*;\ LT,\ e)\right] - \mathrm{E}\left[U_l^{PV}(LV,\ p_{SI}^*;\ LT,\ e)\right] = p_{SI}^*SR - C_{LT} \quad (4\text{-}13)$$

分析式（4-13）可知，在混同均衡情况下，当上级政府对基层公务人员有自利倾向的信念满足 $p_{SI}^* > \dfrac{C_{LT}}{SR}$ 时，上级政府采取强监督措施为均衡策略；当上级政府对基层公务人员有自利倾向的信念满足 $p_{SI}^* < \dfrac{C_{LT}}{SR}$ 时，上级政府采取一般强度的监督措施为均衡策略；信念的临界值与上级政府查处基层公务人员自利行为所获得的收益 $SR$ 成反比，与观察到低质量信息披露时采取强监督策略的成本 $C_{LT}$ 成正比。

进一步地，分析该混同均衡的稳定性。在两类基层公务人员都进行低质量信息披露的混同均衡模式 $\{LT,\ LT\}$ 下，$p_{SI}^* < \dfrac{C_{LT}}{SR}$，上级政府采取一般强度的监督策略。此时自利型基层公务人员的自利动机不会败露。自利型基层公务人员没有进行高质量信息披露的动机，该混同均衡是稳定的。当 $p_{SI}^* > \dfrac{C_{LT}}{SR}$，上级政府采取强监督策略。此时由式（4-1）和式（4-7）相减可得：

$$U_{SI}^{PV}\left(LT,\ e_{HV}^{SI},\ p_{SI}^*;\ HV\right) - U_{SI}^{PV}\left(HT,\ e_{HV}^{SI},\ p_{SI}^*;\ HV\right) = H_{SI} - L_T \quad (4\text{-}14)$$

分析式（4-14）可知，当上级政府采取高强度监督措施，自利型基层公务人员进行高质量信息披露的成本大于因其进行低质量信息披露被察觉时所付出的掩饰成本，即 $H_{SI} > L_T$ 时，自利型基层公务人员没有偏离动机，在强监督策略下该混同均衡是稳定的。当自利型基层公务人员进行高质量信息披露的成本小于因其进行低质量信息披露被察觉时所付出的掩饰成本，即 $H_{SI} < L_T$ 时，基层公务人员受到因对低质量信息披露所导致的"罪加一等"惩罚的震慑，转而采取高质量信息披露。

分析自利型基层公务人员披露高质量信息，而非自利型基层公务人员披露低质量信息的分离均衡模式的稳定性$\{HT, LT\}$。此时，上级政府监督部门观察到高质量信息披露信号时，会进行高强度的监督，观察到低质量信息披露信号时，会进行一般强度的监督。由式（4-4）和式（4-7）相减可得：

$$U_{SI}^{PV}\left(LT, e_{LV}^{SI}, p_{SI}^{*}; \ LV\right) - U_{SI}^{PV}\left(HT, e_{HV}^{SI}, p_{SI}^{*}; \ HV\right) = H_{SI} + L_{L} \qquad (4\text{-}15)$$

分析式（4-15），$H_{SI} + L_{L} > 0$恒成立，因此自利型基层公务人员必将发生偏移，与非自利型基层公务人员一样披露低质量信息。此时由于上级政府监督部门会对发送高质量信息披露信号的地方部门进行一般强度的监督，所以对于自利型基层公务人员来说，发送低质量信息披露信号并不会败露其自利失职行为，因此其会进行低质量信息披露以模仿非自利型的基层公务人员，该分离均衡模式$\{HT, LT\}$是不稳定的。

**结论4-1：**在不考虑信息披露激励的监督模式下，无法达成稳定理想的分离均衡，上级政府监督部门无法通过观察信息披露质量推测基层公务人员的类型。

**推论4-1：**当上级政府采取强监督模式时，若自利型基层公务人员进行高质量信息披露的成本小于因其进行低质量信息披露被察觉时所付出的掩饰成本，会出现自利型基层公务人员进行高质量信息披露，而非自利型基层公务人员进行低质量信息披露的畸形管理状态，但是该状态是不稳定的。

通过本节分析我们可以发现，在不考虑信息披露激励的监督模式下，救灾资金管理出现了极其混乱的局面。一方面，由于披露高质量的信息对于非自利型基层公务人员来说单纯地意味着承受更高的信息披露成本，所以非自利型基层公务人员将始终披露低质量的信息。另一方面，对自利型基层公务人员来说，同样披露低质量信息以模仿非自利型基层公务人员的动机更强。只有当上级政府采取极端的严查模式，即对任何质量的信息披露都采取强监督模式，且自利型基层公务人员需要对不负责任的低质量信息披露付出较高代价时，自利型基层公务人员才会被迫进行高质量信息披露。但是，在这种模式下，上级政府监督部门将始终承担极高的强监督成本。可以发现，不考虑信息披露激励的监督模式是不理想的。因此，下节将对加入信息披露激励机制的监督模式进行分析，探索改进路径。

## 4.3 信息披露激励机制下基层公务人员救灾资金监督的信号博弈模型

### 4.3.1 信息披露激励机制信号博弈模型的构建

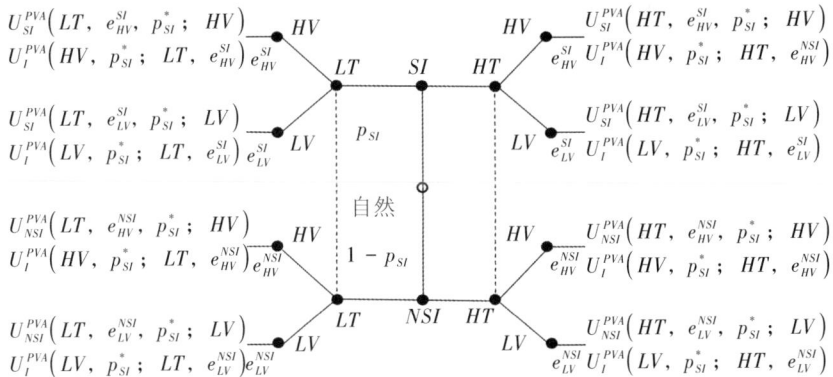

$$U_{SI}^{PVA}\left(LT,\ e_{HV}^{SI},\ p_{SI}^{*}\ ;\ HV\right)$$
$$U_{I}^{PVA}\left(HV,\ p_{SI}^{*}\ ;\ LT,\ e_{HV}^{SI}\right)e_{HV}^{SI}$$

$HV$  $HV$

$$U_{SI}^{PVA}\left(HT,\ e_{HV}^{SI},\ p_{SI}^{*}\ ;\ HV\right)$$
$$e_{HV}^{SI}\ U_{I}^{PVA}\left(HV,\ p_{SI}^{*}\ ;\ HT,\ e_{HV}^{NSI}\right)$$

$LT$  $SI$  $HT$

$$U_{SI}^{PVA}\left(LT,\ e_{LV}^{SI},\ p_{SI}^{*}\ ;\ LV\right)$$
$$U_{I}^{PVA}\left(LV,\ p_{SI}^{*}\ ;\ LT,\ e_{LV}^{SI}\right)$$

$LV$  $LV$

$$U_{SI}^{PVA}\left(HT,\ e_{LV}^{SI},\ p_{SI}^{*}\ ;\ LV\right)$$
$$e_{LV}^{SI}\ U_{I}^{PVA}\left(LV,\ p_{SI}^{*}\ ;\ HT,\ e_{LV}^{SI}\right)$$

$p_{SI}$

自然

$1-p_{SI}$

$$U_{NSI}^{PVA}\left(LT,\ e_{HV}^{NSI},\ p_{SI}^{*}\ ;\ HV\right)$$
$$U_{I}^{PVA}\left(HV,\ p_{SI}^{*}\ ;\ LT,\ e_{HV}^{NSI}\right)e_{HV}^{NSI}$$

$HV$  $HV$

$$U_{NSI}^{PVA}\left(HT,\ e_{HV}^{NSI},\ p_{SI}^{*}\ ;\ HV\right)$$
$$e_{HV}^{NSI}\ U_{I}^{PVA}\left(HV,\ p_{SI}^{*}\ ;\ HT,\ e_{HV}^{NSI}\right)$$

$LT$  $NSI$  $HT$

$$U_{NSI}^{PVA}\left(LT,\ e_{LV}^{NSI},\ p_{SI}^{*}\ ;\ LV\right)$$
$$U_{I}^{PVA}\left(LV,\ p_{SI}^{*}\ ;\ LT,\ e_{LV}^{NSI}\right)e_{LV}^{NSI}$$

$LV$  $LV$

$$U_{NSI}^{PVA}\left(HT,\ e_{LV}^{NSI},\ p_{SI}^{*}\ ;\ LV\right)$$
$$e_{LV}^{NSI}\ U_{I}^{PVA}\left(LV,\ p_{SI}^{*}\ ;\ HT,\ e_{LV}^{NSI}\right)$$

**图4-4 信息披露激励机制下救灾资金监督的信号博弈模型**

如图4-4所示，在不考虑信息披露激励的监督机制下，由于非自利型基层公务人员不会主动做出截留、挪用救灾资金以谋求私利的失职行为，其并不担心监督机制下的失职惩罚。除此之外，高质量的救灾信息披露对其来说只意味着承担高额的信息披露成本，因此对于非自利型基层公务人员来说，披露低质量的救灾资金使用信号成为占优策略。这也就进一步导致了救灾资金监管中，两类基层公务人员都进行低质量信息披露的混乱局面。为了改善救灾资金使用监管的混乱局面，本节进一步引入了信息披露激励机制，并分析信息披露激励机制下的均衡路径。信息披露激励机制，即对通过引入政务云、政务大数据中心系统等新技术平台，提升救灾资金数据化集成水平，进行高质量救灾资金使用信息披露的基层公务人员予以适当的激励嘉奖，如定期对政府部门信息公开情况进行评比，对先进部门进行通报表扬，或通过建立考核机制对先进工作部门的任职人员予以重要职位任用或晋升等手段，以此激励基层公务人员进行高质量信息披露。由于信息披露激励机制本意在于督促基层公务人员在灾害救援过程中尽职尽责、合规使用救灾资金，并非单纯地为了鼓励详尽地披露信息，所以假设信息披露的激励与基层公务人员灾害救援的努力程度正相关。如果基层公务人员选择进行高质量信息披露，那么他会获得额外的基于救灾投入努力程度的高质量信息披露收益 $\alpha_{HT}e$，其中，$\alpha_{HT}$ 表示基于救灾努力程度的高质量信息披露激励系数。除此之外，其他符号含义与4.2 节相同，此处不再赘述。

在信息披露激励机制下的救灾资金使用监督问题中，当基层公务人员进行低质量信息披露时，上级政府监督部门不给予其任何激励。当基层公务人员进行高质量信息披露时，上级政府监督部门会基于其在灾害救援工作中的努力程度，给予其高质量信息披露激励。在此背景下，当基层公务人员选择进行低质量信息披露时，处于救灾第一线的基层公务人员和上级政府监督部门的收益与无信息披露激励机制下相同，相关收益形式可参考式（4-1）至式（4-6）。本节对考虑信息披露激励机制下当基层公务人员选择高质量信息披露后，两级政府的收益结构进行介绍。

在信息披露激励机制下，当上级政府监督部门观察到高质量信息披露而采取强监督策略时，具有自利倾向的基层公务人员的收益为：

$$U_{SI}^{PVA}\left(HT,\ e_{HV}^{SI},\ p_{SI}^{*};\ \ HV\right)=Y_L+\left(\alpha_{HT}+\alpha_{SI}\right)e_{HV}^{SI}-\frac{1}{2}c_{SU}\left(e_{HV}^{SI}\right)^2-H_{SI}-L_L \quad (4\text{-}16)$$

式（4-16）中自利型基层公务人员收益的基本结构与式（4-7）类似，唯一不同的是，由于自利型基层公务人员进行了高质量信息披露，所以获得了额外的收益 $\alpha_{HT}e_{HV}^{SI}$。

当上级政府监督部门观察到高质量信息披露而采取强监督策略时，具有非自利倾向的基层公务人员的收益为：

$$U_{NSI}^{PVA}\left(HT,\ e_{HV}^{NSI},\ p_{SI}^{*};\ \ HV\right)=\left(\alpha_{HT}+\alpha_{NSI}\right)e_{HV}^{NSI}-\frac{1}{2}c_{SU}\left(e_{HV}^{NSI}\right)^2-H_{NSI} \quad (4\text{-}17)$$

同理，非自利型基层公务人员也获得了额外的收益 $\alpha_{HT}e_{HV}^{NSI}$。

对于上级政府监督部门，由于其无法获知基层公务人员的准确类型，所以当其观察到高质量信息披露而采取强监督措施时的期望收益为：

$$\mathrm{E}\left[U_I^{PVA}\left(HV,\ p_{SI}^{*};\ HT,\ e\right)\right]=p_{SI}^{*}\left(\gamma e_{HV}^{SI}+SR-Y_S-C_{HT}\right)+\left(1-p_{SI}^{*}\right)\left(\gamma e_{HV}^{NSI}-C_{HT}\right) \quad (4\text{-}18)$$

其中，$p_{SI}^{*}\left(\gamma e_{HV}^{SI}+SR-Y_S-C_{HT}\right)$ 表示上级政府监督部门面临自利型基层公务人员时的监督收益。$\left(1-p_{SI}^{*}\right)\left(\gamma e_{HV}^{NSI}-C_{HT}\right)$ 表示上级政府监督部门面对非自利型基层公务人员时的监督收益。表面上看，式（4-18）与式（4-9）结构相同，但是由于此时上级政府监督部门给予了基层公务人员基于救灾努力程度的信息披露激励，所以此时基层公务人员最优决策下的 $e_{SI}^{*}$ 和 $e_{NSI}^{*}$ 发生了变化，因此，此时上级政府监督收益也随之发生了变化。

在信息披露激励机制下，当上级政府监督部门观察到高质量信息披露而采取一般强度的监督策略时，具有自利倾向的基层公务人员的收益为：

$$U_{SI}^{PVA}\left(HT, e_{LV}^{SI}, p_{SI}^{*}; LV\right) = Y_L + \left(\alpha_{HT} + \alpha_{SI}\right)e_{LV}^{SI} - \frac{1}{2}c_{SU}\left(e_{LV}^{SI}\right)^2 - H_{SI} \qquad (4-19)$$

相比于无信息披露激励机制模式下的收益，自利型基层公务人员也获得了额外的收益 $\alpha_{HT}e_{LV}^{SI}$。

当上级政府监督部门观察到高质量信息披露而采取一般强度的监督策略时，具有非自利倾向的基层公务人员的收益为：

$$U_{NSI}^{PVA}\left(HT, e_{LV}^{NSI}, p_{SI}^{*}; LV\right) = \left(\alpha_{HT} + \alpha_{NSI}\right)e_{LV}^{NSI} - \frac{1}{2}c_{SU}\left(e_{LV}^{NSI}\right)^2 - H_{NSI} \qquad (4-20)$$

同理，相比于无信息披露激励机制模式下的收益，自利型基层公务人员也获得了额外的收益 $\alpha_{HT}e_{LV}^{NSI}$。

对于上级政府监督部门，由于其无法获知基层公务人员的准确类型，所以当其观察到高质量信息披露而采取一般强度的监督措施时的期望收益为：

$$E\left[U_I^{PVA}\left(LV, p_{SI}^{*}; HT, e\right)\right] = p_{SI}^{*}\left(\gamma e_{LV}^{SI} - Y_S\right) + \left(1 - p_{SI}^{*}\right)\gamma e_{LV}^{NSI} \qquad (4-21)$$

其中，$p_{SI}^{*}\left(\gamma e_{LV}^{SI} - Y_S\right)$ 表示上级政府监督部门面对自利型基层公务人员时的监督收益。$\left(1 - p_{SI}^{*}\right)\gamma e_{LV}^{NSI}$ 表示上级政府监督部门面对非自利型基层公务人员时的监督收益。一般强度的监督措施下，基层公务人员在灾害救援中的自利型失职行为无法被识别。

### 4.3.2 信息披露激励机制信号博弈均衡状态分析

信息披露激励机制仅仅影响了救灾资金监督问题中两级政府给定策略下的收益，最终的均衡策略仍然符合不完全信息动态博弈的精炼贝叶斯纳什均衡的定义，受到基层公务人员和上级政府监督部门的最优策略，以及上级政府监督部门对基层公务人员的信念 $p_{SI}^{*}$ 的影响（Fudenberg and Tirole，1991）。因此，本节继续沿用4.2节关于均衡策略的定义，对信息披露激励机制下的救灾资金使用的监督问题进行求解。在4.2节中不考虑信息披露激励的模式下，由于非自利型基层公务人员并不担心上级政府监督部门对失职行为的惩罚，进行高质量的救灾信息披露单纯意味着需要承担高额成本，所以进行低质量信息披露成为非自利型基层公务人员的占优策略，进而导致了混乱的信息披露局面，影响上级部门的监管策略制定。但是，在信息披露激励机制下，非自利型基层公务人员是否进行高质量信息披露取决于高质量信息披露成本和高质量信息披露的额外激励，因此出现了四种可能的均衡模式：两类基层公务人员都进行低质量信息披露的混同均衡模式 $\{LT，LT\}$；两类基层公务人员都进行高质量信息披露的混同均衡模式 $\{HT，HT\}$；自利型基层公务人员进行高质量信息披露，而非自利型基层公务人员进行低质量信息披露的混同均衡模式 $\{HT，LT\}$；自利型基层公务人员进行低质量信息披露，而非自利型基层公务人员进行高质量信息披露的混同均衡模式 $\{LT，HT\}$。本节将对各种可能的均衡模式的均衡路径及稳定性逐一进行分析。分析结果请见附录中的表B-1。

结论4-2：信息披露激励的监督模式中，可以通过调节对高质量信息披露的力度，排除两类基层公务人员发送相同质量信息披露的混同均衡的状态，避免自利型基层公务人员模仿非自利型基层公务人员，实现信息甄别。

首先，分析两类基层公务人员都进行低质量信息披露的混同均衡模式 $\{LT，LT\}$。当基层公务人员选择低质量信息披露时，无法获得上级政府给予的高质量信息披露的额外奖励，该奖励包括对信息公开情况较好的政府部门进行通报表扬、对先进工作部门的任职人员予以重要职位任用或晋升等方式。所以在这种情况下，基层公务人员的收益结构与不考虑信息披露激励机制下的收益结构类似。当两类基层公务人员都进行低质量信息披露时，上级政府无法通过该信息信号识别地方政府是否是自利型，所有信念不发生更新，即 $p_{SI}^* = p_{SI}$，在该混同均衡模式下，当上级政府对基层公务人员是自利型的信念满足 $p_{SI}^* > \dfrac{C_{LT}}{SR}$ 时，上级政府采取强监督措施成为占优策略；此时，当高质量信息披露激励系数 $a_{HT}$ 满足 $a_{HT} < -a_{SI} + \sqrt{a_{SI}^2 + 2c_{SU}(H_{SI} - L_T)}$ 且 $a_{HT} < -a_{NSI} + \sqrt{a_{NSI}^2 + 2c_{SU}H_{NSI}}$ 时，该混同均衡是稳定的。但是，这种混同状态并不是现实管理所期待的均衡结果，激励非自利型基层公务人员通过进行高质量的救灾资金使用问题的信息披露，使其行为无法被自利型基层公务人员所模仿才是较好的监管状态。因此应该适当提高信息披露激励系数，激励非自利型基层公务人员进行高质量信息披露，实现信息甄别。当上级政府对基层公务人员有自利倾向的信念满足 $p_{SI}^* < \dfrac{C_{LT}}{SR}$ 时，上级政府采取一般强度的监督措施为均衡策略。此时，由于基层公务人员具有自利型行为的概率较小，从监管成本考虑，上级政府监管策略有所放松。当信息披露激励系数满足 $a_{HT} < -a_{SI} + \sqrt{a_{SI}^2 + 2c_{SU}H_{SI}}$ 且 $a_{HT} < -a_{NSI} + \sqrt{a_{NSI}^2 + 2c_{SU}H_{NSI}}$ 时，该均衡状态是稳定的。同理，该混同均衡可以通过提高信息披露激励系数加以排除，激励非自利型基层公务人员率先进行高质量信息披露。

其次，还存在着两类基层公务人员都进行高质量信息披露的混同均衡模式 $\{HT，HT\}$。虽然高质量信息披露对于灾害救援监督是有益的，但是这种模式并不能助力上级政府成功实现信息甄别。当基层公务人员具有自利倾向的概率较高时，即 $p_{SI}^* > \dfrac{C_{LT}}{SR}$，此时进行高强度的监督成为上级政府的占优策略，当对高质量信息披露的激励系数满足 $a_{HT} > -a_{SI} + \sqrt{a_{SI}^2 + 2c_{SU}(H_{SI} - L_T)}$ 且 $a_{HT} > -a_{NSI} + \sqrt{a_{NSI}^2 + 2c_{SU}H_{NSI}}$ 时，该混同均衡是稳定的。尽管在这种混同均衡状态下，两类基层公务人员都选择了高质量信息披露，但是上级政府无法通过信息披露质量实现信息甄别。此时对于上级政府来说，采取一般强度的监督措施无疑会给截留、挪用救灾资金的失职行为提供可乘之机，而采取高强度监督措施就意味着办公资源的浪费。换言之，具有自利型倾向的基层公务人员通过模仿非自利型基层公务人员进行高质量信息披露逃脱了上级政府的外部检查。在此状态下，只有当 $-a_{SI} + \sqrt{a_{SI}^2 + 2c_{SU}H_{SI}} < -a_{NSI} + \sqrt{a_{NSI}^2 + 2c_{SU}H_{NSI}}$ 时，才可以通过调整信息披露激励系数促进自利型基层公务人员放弃模仿行为，停止进行高质量信息披露，实现信息甄别。

**结论4-3：** 在考虑信息披露激励的监督模式中，可以通过调节对高质量信息披露的监督力度，实现稳定的分离均衡，使上级政府监督部门通过信息披露质量对基层公务人员进行识别，提高监督效率。但是，实现良性分离均衡的信息披露激励系数并非越高越好，如果激励系数过高，将陷入全部进行高质量信息披露的混同均衡状态。

首先分析自利型基层公务人员进行高质量信息披露，而非自利型基层公务人员进行低质量信息披露的分离均衡状态 $\{HT, LT\}$。上级政府监督部门观察到高质量信息披露信号时，会采取高强度监管措施；观察到低质量信息披露信号时，会采取一般强度的监管措施。该分离均衡存在需要满足条件 $a_{HT} > -a_{SI} + \sqrt{a_{SI}^2 + 2c_{SU}(H_{SI} - L_T)}$，$H_{SI} > L_T$，$a_{HT} < -a_{NSI} + \sqrt{a_{NSI}^2 + 2c_{SU}H_{NSI}}$ 以及 $-\sqrt{a_{SI}^2 + 2c_{SU}(H_{SI} - L_T)}a_{NSI} - a_{SI} < \sqrt{a_{NSI}^2 + 2c_{SU}H_{NSI}}$。当 $a_{NSI} - a_{SI} < \sqrt{a_{NSI}^2 + 2c_{SU}H_{NSI}} - \sqrt{a_{SI}^2 + 2c_{SU}(H_{SI} - L_T)}$ 无法满足时，该分离均衡不存在。令人惊奇的是，当自利型基层公务人员进行高质量信息披露的成本过低且上级政府对其失职行为处罚力度过大时，反而会出现自利型基层公务人员率先采取高质量信息披露的现象。事实上，这是自利型基层公务人员的一种"将功补过"式的行

为，试图通过高质量信息披露抵消其失职行为所应背负的处罚。在现实管理中，这种现象尤为值得上级政府部门注意。不能一味地认为只有不截留、挪用救灾资金且认真履职的基层公务人员才会进行高质量信息披露，而盲目地对高质量信息披露采取一般强度的监督措施。在管理过程中，该种畸形的分离均衡结果可以通过降低非自利型政府部门信息披露成本、提高自利型基层公务人员进行高质量信息披露的模仿成本来避免，如规范救灾信息报送流程、细化信息报送内容以及强化对信息监督的工作流程等。

非自利型基层公务人员进行高质量信息披露，而自利型基层公务人员进行低质量信息披露的分离均衡$\{LT，HT\}$，是救灾资金监管的理想模式。此时，上级政府监督部门对低质量信息披露进行高强度的监督，而对高质量信息披露进行一般强度的监督。该分离均衡模式，实现了对自利型基层公务人员的高强度监督，也避免了对非自利型基层公务人员进行过于严苛的监督而浪费办公资源。当信息披露激励系数满足$a_{HT} < -a_{SI} + \sqrt{a_{SI}^2 + 2c_{SU}(H_{SI} - L_T)}$，$a_{HT} > -a_{NSI} + \sqrt{a_{NSI}^2 + 2c_{SU}H_{NSI}}$，并且$H_{SI} > L_T$，$a_{NSI} - a_{SI} > \sqrt{a_{NSI}^2 + 2c_{SU}H_{NSI}} - \sqrt{a_{SI}^2 + 2c_{SU}(H_{SI} - L_T)}$时，救灾资金监督问题良性的分析均衡是稳定的。为了维持这种良性状态，上级政府监督部门应从以下两点着手做起：首先是加强对自利行为的惩处措施，提高惩罚$L_T$，另外还要合理地设置对高强度信息披露的激励系数，使信息披露激励的收益高于非自利型基层公务人员进行高质量信息披露的成本，而且不会成为自利型基层公务人员平衡失职行为损失的"挡箭牌"。

## 4.4  数值分析

在4.2和4.3两节的研究中，分别分析了在不考虑信息披露激励机制和考虑信息披露激励机制下的均衡状态，并通过理论推导对均衡状态的稳定性进行了分析。自然灾害具有的突发性、不可重复性和社会行为潜在性等特征，导致公开数据资料匮乏，同时灾害救援的情境依赖性使救援事后访谈难以重现。尤其是在救灾监督问题中，基层公务人员的信息披露成本，截留、挪用救灾资金所得的灰色收益，以及上级政府的监督成本等都难以通过调查分析获取数据。现有研究针对灾害救援问题普遍采用数理建模求解并辅以数值分析的方法进行验证（Vanajakumari，Kumar，and Gupta，2016；Aflaki and Pedraza-Martinez，2016；林琪、赵秋红、倪冬梅，2018）。本节将在此基础上，通过数值分析的方法对前文所得出的结论进行更为详细的分析，以求为政府主导下的救灾监督问题提供管理启示。

### 4.4.1 信息披露激励机制下均衡状态的数值分析

通过4.2和4.3两节分析我们可以发现，在没有引入信息披露激励机制的背景下，非自利型基层公务人员并不会在灾害救援过程中出现失职、渎职的行为，因此并不担心上级政府对其进行处罚，也就没有承担高额成本进行高质量信息披露的动机，这也成了在该状态下，两类基层公务人员都进行低质量信息披露的混同均衡成为唯一稳定均衡状态的原因，形成了不良风气。但是在引入信息披露激励机制后，非自利型基层公务人员有了进行高质量信息披露的动机，这为上级政府部门实现信息甄别提供了策略空间。分析附表B-1中的均衡路径结果，我们可以发现，信息披露的激励系数 $a_{HT}$，两类基层公务人员灾害救援的收益系数 $a_{SI}$、$a_{NSI}$ 是影响信息披露激励机制下均衡状态临界条件的重要影响因素。为了更加详尽地展示前文的理论研究结果，进一步丰富研究结论，本节将对 $a_{HT}$、$a_{SI}$、$a_{NSI}$ 三个重要参数进行数值分析。对其他次要参数取值如下：上级政府在高质量信息披露状态下的监督成本低于低质量信息披露状态，即 $C_{HT} < C_{LT}$，分别令 $C_{HT} = 10$，$C_{LT} = 20$。非自利型基层公务人员进行高质量信息披露的成本低于自利型基层公务人员，即 $H_{NSI} < H_{SI}$，分别令 $H_{NSI} = 10$，$H_{SI} = 20$。假设自利型基层公务人员低质量信息披露下的额外惩罚 $L_T = 8$，自利行为使上级政府蒙受的损失 $Y_s = 10$，上级政府查处自利行为所获得的收益 $SR = 35$。上级政府因基层公务人员灾害救援所获得的收益系数 $\gamma = 10$，基层公务人员救灾的成本系数 $c_{SU} = 10$。由于本章关注对基层公务人员可能存在的失职、渎职问题的监督，因此假设基层公务人员为自利型的概率较高，$p_{SI} = 0.8$。在此基础上，对信息披露的激励系数 $a_{HT}$，自利型基层公务人员救灾收益系数 $a_{SI}$，非自利型基层公务人员救灾收益系数 $a_{NSI}$ 等参数进行数值分析，结果如下：

首先固定非自利型基层公务人员救灾收益系数 $a_{NSI}$，令 $a_{NSI} = 10$，分析信息披露的激励系数 $a_{HT}$ 和自利型基层公务人员救灾收益系数 $a_{SI}$ 对均衡状态的影响，结果如图4-5所示。

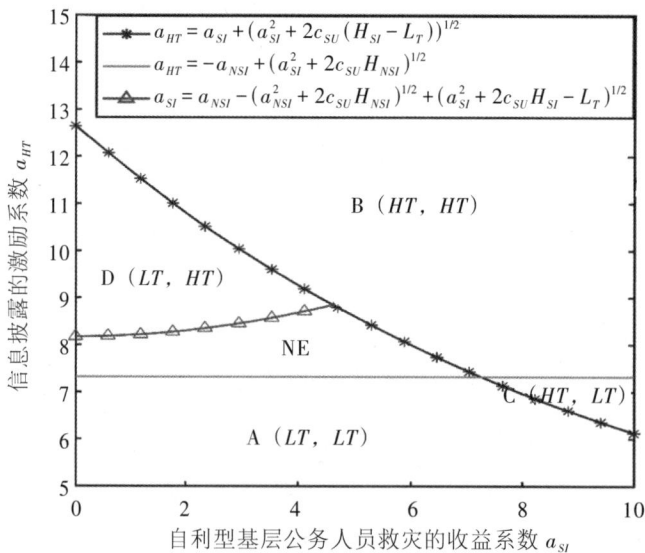

图4-5　信息披露激励机制下对 $a_{HT}$ 和 $a_{SI}$ 的数值分析

观察4-1：从上级政府部门的角度来说，要实现良性的分离均衡状态，信息披露的激励系数并非越高越好。另外，控制自利型基层公务人员救灾的收益系数有利于实现良性的分离均衡。

在图4-5中，三条临界线将平面分为A、B、C、D四个区域和NE区域。其中A、B、C、D四个区域分别对应$\{LT, LT\}$，$\{HT, HT\}$，$\{HT, LT\}$和$\{LT, HT\}$四个均衡状态。而在NE区域的参数区间内，不存在稳定的均衡状态。其中D区域$\{LT, HT\}$是自利型基层公务人员进行低质量信息披露而非自利型基层公务人员进行高质量信息披露的良性监管状态。由图可知，当信息披露激励系数过低时，激励作用不足以提高基层公务人员的决策动机，两类政府部门偏向于进行低质量信息披露。过高时，在激励作用下两类基层公务人员又都会进行高质量信息披露。因此，只有信息披露激励系数维持在适当范围内，才有利于良性监管状态的形成。当信息披露激励系数过低，而基层公务人员救灾收益系数过高时，又会陷入C区域$\{HT, LT\}$的畸形状态，虽然同样可以实现信息甄别，但该状态不利于政府声誉的建立，因此对于上级政府来说，将信息披露激励系数控制在合理范围内，尤为重要。

接下来固定自利型基层公务人员救灾收益系数$a_{SI}$，令$a_{SI} = 5$，分析信息披露的激励系数$a_{HT}$和非自利型基层公务人员救灾收益系数$a_{NSI}$对均衡状态的影响，结果如图4-6所示。

观察4-2：面对非自利型的基层公务人员，要实现良性的分离均衡状态，信息披露的激励系数同样并非越高越好。另外，尽量提高非自利型基层公务人员救灾的收益系数有利于实现良性的分离均衡。

同样地，在图4-6中，三条临界线将平面分为A、B、C、D四个区域，分别对应$\{LT, LT\}$、$\{HT, HT\}$、$\{HT, LT\}$和$\{LT, HT\}$四个均衡状态。中间空白区域NE不存在稳定的均衡状态。信息披露的激

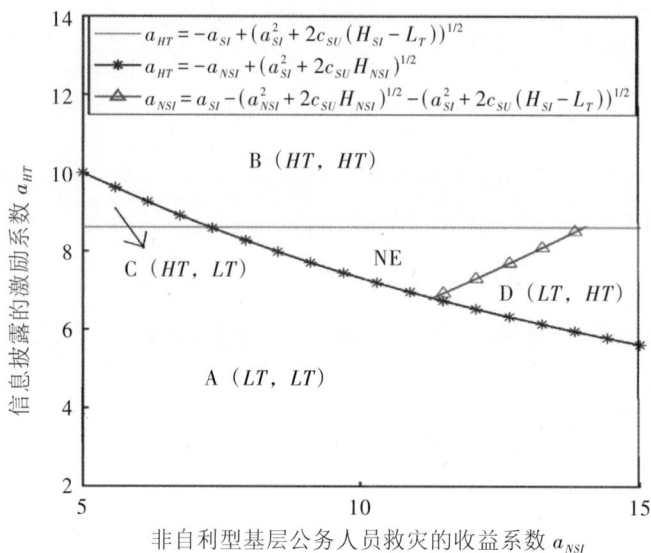

図の中の凡例:
$$a_{HT} = -a_{SI} + (a_{SI}^2 + 2c_{SU}(H_{SI} - L_T))^{1/2}$$
$$a_{HT} = -a_{NSI} + (a_{SI}^2 + 2c_{SU}H_{NSI})^{1/2}$$
$$a_{NSI} = a_{SI} - (a_{NSI}^2 + 2c_{SU}H_{NSI})^{1/2} - (a_{SI}^2 + 2c_{SU}(H_{SI} - L_T))^{1/2}$$

B ($HT$, $HT$)

C ($HT$, $LT$)

NE

D ($LT$, $HT$)

A ($LT$, $LT$)

纵轴: 信息披露的激励系数 $a_{HT}$

横轴: 非自利型基层公务人员救灾的收益系数 $a_{NSI}$

**图4-6 信息披露激励机制下对$a_{HT}$和$a_{NSI}$的数值分析**

励系数过高或者过低都不利于形成良性的分离均衡状态。与图4-5中所展示结论不同的是，对于非自利型基层公务人员来说，其救灾收益系数越高，越有利于良性分离均衡的实现。究其原因在于，当救灾收益系数较高时，非自利型基层公务人员有动机提高救灾投入，进而使高质量信息披露的奖励也随之"水涨船高"，让非自利型基层公务人员进行高质量信息披露的意愿更强。

### 4.4.2 收益对比分析

本节重点关注当上级政府部门通过引入信息披露激励机制影响其信息披露策略、实现信息甄别后，相比于原本混乱的信息披露状态，最终收益的变动情况。假设两类基层公务人员救灾的收益系数分别为$a_{SI}$ = 10，$a_{NSI}$ = 20。由于上级政府的监督策略会随着信念进行调整，进而影响收益，因此本节选择上级政府部门对基层公务人员是自利型的信念$p_{SI}$作为敏感性分析的对象，分析结果如图4-7所示。

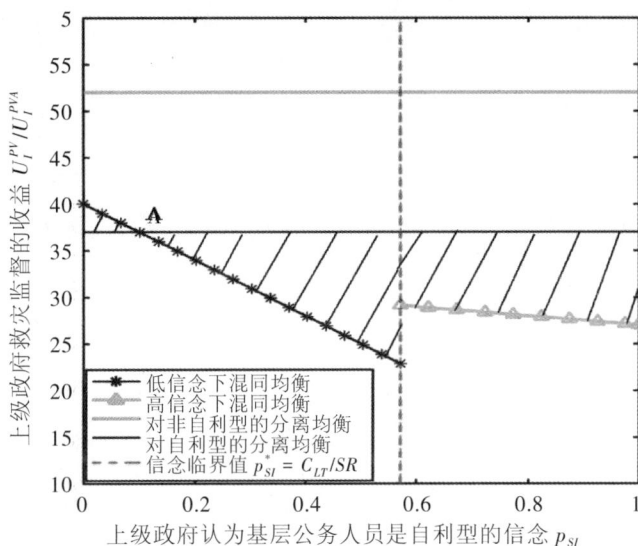

图4-7 上级政府收益对信念 $p_{SI}$ 的敏感性分析

**观察4-3：** 在实现良性分离均衡的状态下，面对非自利型基层公务人员时，上级政府的收益显著提高。只有当信念较低时，上级政府面对自利型基层公务人员的收益才略低于混同均衡下的期望收益。

由图4-7可以发现，实现分离均衡后，上级政府面对非自利型基层公务人员的收益显著提高。只有当上级政府对基层公务人员为自利型的信念较低时，在本例中为 $p_{SI} = 0.1$，混同均衡下的期望收益才略高于分离均衡下的期望收益。这是由于此时基层公务人员具有自利倾向的概率极小。但是，这并不意味着上级政府部门在混同均衡下真的能获得更高的收益。

## 4.5 本章小结

在我国"政府主导—社会参与"的灾害管理模式中，在政府渠道的救灾资金使用阶段，上级政府无法获知地方救灾部门的具体类型，处于信息劣势的状态，救灾资金依然面临着被截留、挪用的风险，这给上级政府的救灾资金监督工作提出了挑战。当前，我国基层公务人员在救灾信息披露方面，仍然存在着信息系统不一致、各部门间分工协调较差的问题，阻碍着高质量信息披露的实现。在基层公务人员类型未知的情况下，上级政府如何选择监督策略，在保证救灾资金监督效果的同时，尽可能节约办公资源，是上级政府监督部门所需要权衡的问题。

为给上级政府救灾资金使用的监督决策提供管理启示，本章基于当前我国救灾资金监督的流程，以打破信息不对称给上级政府带来的阻碍为目标，建立了救灾资金监督的信息甄别模型。研究发现，在不引入信息披露激励机制的情况下，非自利型基层公务人员没有进行高质量信息披露的动机，自利型基层公务人员也会进行低质量信息披露以实现混同状态，迷惑上级监督部门。在引入信息披露激励机制后，上级政府可以通过控制信息披露激励系数，实现信息甄别，以此选取有针对性的监督策略。但是信息披露激励系数并非越高越好，而是应该控制在合适范围内，避免出现自利型基层公务人员转而模仿非自利型基层公务人员进行高质量信息披露的新的混同局面。

在数字技术日益发展的背景下，政府办公部门对云存储等新技术的应用会进一步加大政府工作信息的透明度，使信息披露变得更为透明。另外，在自媒体日益普及的今天，上级政府部门的信息渠道得以扩充，可以通过自媒体渠道获得基层公务人员的相关工作信息，这也会为救灾资金监督工作提供便利。在后续研究中，将结合上述情境做进一步的深入探讨。

5

# 基于两阶段信号博弈的政府救灾募捐策略研究

灾害救援过程中，由于通信交通中断、次生灾害频发、参与救援部门较多，直接导致灾情信息搜集、研判和共享效率低、耗时长，政府难以将灾害损失向社会通报。这种政府与社会之间的信息不对称现象，给部分失职、渎职的基层公务人员无灾说有灾、小灾说大灾，伺机通过社会募捐敛财提供了可乘之机。一系列恶意募捐事件严重挫伤了社会力量的捐赠积极性，影响了政府主管下的救灾募捐工作，阻碍了社会渠道救灾资金的投入。2008年"5·12"汶川地震后，直至5月20日抗震救灾总指挥部才开始逐日权威发布损失情况（王天营，2008）。2010年"4·14"玉树地震后，政府间损失报送工作直至4月19日仍未完成（青海省民政厅救灾处，2014）。救灾工作事关人民群众生命安全，时间宝贵不得延误，而政府部门又难以第一时间将灾情向社会通报。我国的社会捐助需要在各级民政部门监督和批准下进行，但是作为国内最大受赠机构的中国红十字会，却因为"郭美美炫富事件""汶川天价帐篷"等负面事件而遭受重大信任危机，其背后动因是个别渎职基层公务人员假借募捐之机敛财。一系列负面事件已经严重挫伤了社会捐赠积极性，在灾害损失未公开之前，募捐工作极难开展。因此在灾害损失公布困难、灾害救援工作分秒必争的情况下，灾区政府部门如何通过募捐信息传达灾害实情，调动社会捐赠积极性，提高救灾资金的筹资效率，是我国推进灾害救援体制机制改革所面临的一个关键性问题。

5.1节给出政府主导下的救灾募捐问题的理论背景，解释了"为什么"对政府募捐问题进行研究，并为构建救灾物资募捐的信息发布模型提供理论依据；5.2节从募捐问题的管理现实出发，给出救灾物资募捐信息发布的基础模型，回答了救灾物资募捐中信息传递"是什么"的问题；5.3节分别分析了在完全信息和不完全信息两种情境下，真正受灾严重的灾区政府募捐信息发布策略，并分析了分离均衡的稳定性和排除混同均衡的策略方案，解决了政府救灾募捐信息发布"怎么办"的问题；5.4节使用数值分析的方法，考虑了多种现实中可能的管理情境，对本章研究结论进行验证，丰富了结论的含义；在5.6节，给出了本章的重要结论和管理启示。

## 5.1 问题提出与前提假设

### 5.1.1 问题提出

灾害发生初期，受制于灾害本身的复杂因素和政府部门灾害信息搜集、评估的工作能力，以及灾害损失通报前的一系列审核报备流程，灾害实际损失难以在第一时间内通报给社会大众，这导致在募捐初期政府与社会间出现了灾害损失信息不对称的问题。甚至滋生出了一些轻灾区个别渎职基层公务人员虚报灾情，骗取救灾、援建和捐赠资金的恶劣现象。这严重挫伤了社会力量的捐助积极性，影响了社会渠道救灾资金的筹集。更为困难的是，这种由于研判搜集工作导致的信息不对称问题，难以通过区块链、大数据等新技术直接加以解决。虽然，随着政府权威渠道灾情发布和社会媒体的新闻报道，社会公众能够了解到灾害的实际损害，处于完全信息状态，但是对于分秒必争的灾害救援问题来说，时间宝贵，不得拖延。因此对于真正受灾严重，急需社会力量介入的灾区政府来说，如何在救灾初期社会力量尚未获知灾害实际损失的情况下发布募捐信息，如何通过募捐信息的发布将真实募捐行为与伺机敛财的募捐行为区分开来，是我国政府主导的灾害救援社会募捐中的重要问题。灾害损失信息状态对相关决策主体的影响如图5-1所示。

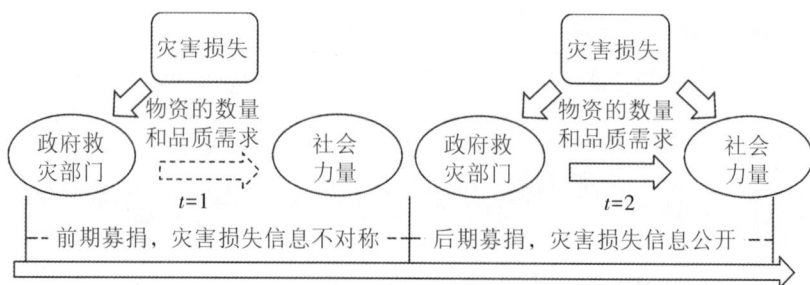

**图5-1 灾害损失信息状态对相关决策主体的影响**

　　而当前管理学界对于募捐问题的研究，主要关注西方发达国家以社会力量为募捐主体的管理问题（Pedraza-Martinez and Van Wassenhove，2013；Toyasaki and Wakolbinger，2014；Pedraza-Martinez，Hasija，and Van Wassenhove，2020），而对我国政府主导的管理模式不够重视，并且对于恶意诈捐、伺机敛财的管理缺少关注。但是，救灾募捐初期的信息不对称，为个别渎职基层公务人员恶意募捐行为提供了便利。也就是说，对于"无灾说有灾""小灾报大灾"的个别渎职基层公务人员来说，敛财行为只能在灾害实际损失公布前进行。而对于真正受灾地区的基层公务人员来说，灾害损失公开后，社会力量的捐助积极性会根据实际情况有所提高。两类募捐目的不同，为真正受灾地区的基层公务人员选择区别型策略、使自身行为无法被伺机敛财的个别渎职基层公务人员所模仿，提供了理论上的可行之处。此外，救灾部门发布的募捐需求信息中，包含着物资的数量、品质，以及在不同救灾时期下对这两类维度的需求差异等多种复杂的组合，这一特点为真正受灾政府部门的基层公务人员的策略选择提供了理论依据。因此，本章从机制决策的角度出发，借鉴信息传递的研究思路（Yu，Kapuscinski，and Ahn，2015），进一步考虑灾害救援中社会力量初期不确定灾害损失、后期逐渐获知的两阶段特征，建立了两阶段政府募捐信息发布的信息传递博弈模型。

### 5.1.2　前提假设

在救灾初期政府主导下的社会募捐问题中，政府与社会之间关于灾害实际损失的信息不对称，滋生了伺机敛财现象，影响了社会资金筹集。考虑到该管理问题中真正受灾的灾区部门与伺机敛财的个别渎职基层公务人员目的、决策的不对称性，以及政府与社会之间的信息不对称状态会随着灾害救援工作的推进而发生变化的特点，为突出本章研究重点，确定本章研究边界，特做出如下假设：

**假设 5-1：** 有两个参与者。募捐者为政府授权的灾害管理部门（如国务院直接领导的中国红十字总会及各地方分支机构），面临着两种受灾程度的地区，即重灾区（HD）和轻灾区（LD）。捐助者为企业或公众等社会力量，其具有利他主义的行为动机。为了简化分析，本章假定灾区政府和灾民的效用函数是相同的。

根据《中华人民共和国慈善法》（2016 年）中第三条关于我国慈善救灾管理权限的规定，我国慈善救灾活动应该在民政部主管下进行，因此本章重点关注我国"政府主导—社会参与"灾害管理模式下以政府为主导的社会募捐问题，分析面向具有捐助意愿的社会力量，灾害管理部门如何做出最优决策，激发社会力量捐助意愿，提高社会渠道救灾资金的筹集效率。

**假设 5-2：** 不考虑募捐物资的种类差异。

在灾害救援的不同阶段，灾区对于物资的种类需求具有较大的差异（Gupta et al.，2016）。灾发初期的抗灾、救灾阶段，食物、水、药品等具有易逝性的物资为主要募捐对象，到了灾后重建与恢复阶段，建筑材料、生活耐用品等物资为主要募捐对象。而本章主要研究灾发初期灾情信息不对称对政府募捐效果的影响，以及政府部门在灾发初期的最优募捐策略，物资差异性对本章问题影响较小。因此，为了简化分析、突出重点，不考虑物资差异性问题。

　　**假设 5-3：**初期灾情信息不充分，捐助者缺少灾害损失和救援工作的真实信息。

　　在灾发初期，政府救灾部门不仅需要一定时间搜集、评估灾情信息，还需要通过层层审核、确认后才会向社会公布真实的灾害损失（王天营，2008）。这也就导致了灾发初期政府救灾部门与社会力量的灾情信息不对称。到灾区政府公布灾害损失时，即为第一阶段。灾区政府公布灾害损失后，即为第二阶段。

　　基于上述基本假设，本章研究的问题是：每个阶段的募捐过程中，作为募捐方的灾区救灾部门如何调整募捐信息发布策略，以达成灾情信息不对称背景下的最优募捐效果。社会力量根据灾区政府部门所提供的灾情和救援工作信息，决定是否捐助，以及在哪一阶段进行捐助。

## 5.2　募捐信息发布策略信号博弈模型的建立

### 5.2.1　变量符号说明与模型描述

　　根据受灾程度将救灾募捐方式分为两种类型 $DG = (HD, LD)$，即重灾区（$HD$）和轻灾区（$LD$）。$d_{DG}$ 表示政府属地因灾害所遭受的总损失。公益部门募捐负面事件频发，社会力量认为后者有模仿前者募捐敛财的动机。第一阶段，社会力量对受灾地区是重灾区的先验信念为 $p_{HD}$，观察到政府募捐信息后信念更新为 $p'_{HD}(q_1, S)$。如果两类募捐者公布相同的募捐需求，社会力量无法通过募捐信息这一信号更新信念，即 $p_{HD} = p'_{HD}(q_1, S)$；如果两类募捐方公布的募捐需求不同，社会力量可以通过信号识别募捐者类型（$p'_{HD}(q_1, S) = 0$或$p'_{HD}(q_1, S) = 1$）。因为重灾区的公路、机场等基础设施破坏严重，经常发生道路运输中断。重灾区（*HD*）对募捐物资进行储备、运输和再分配时，单位成本更高。灾区政府发布募捐信息时，需声明物资数量需求$S$和物资的质量规格需求$q$。质量规格包括食品的保质期、药品等级等。受灾程度越严重，灾区对募捐物资的数量和质量要求越高。以上信息均为灾区政府和社会公众的共同知识。由于灾害程度是自然力量决定的，所以灾区政府的类型（重灾区或轻灾区）和所需救灾物资数量 T 也都是外生的。

我国灾害捐赠主要以企业为主，同时包括社会公众。假设捐助者为风险中性的决策者。在募捐过程中，社会力量选择合适的捐赠决策以最大化自身效用。捐出单位物品为捐助者带来的收益表示为：

$$U_{SD} = \kappa d + \alpha_s - q \tag{5-1}$$

式（5-1）中 $d$ 表示灾害带来的损失。灾情评价系数 $\kappa > 0$，$\kappa d$ 表示灾情程度对社会力量捐助行为的影响。$\alpha_s$ 表示社会力量捐助行为的心理收益，即捐助物品缓解灾民的痛苦能为捐助者带来的社会责任满足感。$q$ 表示捐助者所捐赠物资质量。假设物资的质量评价系数为1。该收益函数反映出社会捐助问题的三个基本特征，社会力量的捐助意愿与灾害造成的损失和自身的社会责任感成正比，与捐助物资的价值成反比。对于心理收益 $\alpha_s$，第一，在救援初期灾情未被公布前，社会力量无法估量捐赠行为对救援工作的助益程度；第二，募捐问题属应急物流研究范畴，可以划归为公益性供应链管理问题；第三，募捐问题中，社会力量群体构成了一个庞大的潜在捐助市场，彼此之间的行为互不影响。基于以上三点管理特征，为了不失一般性，本章引用流体模型中惯用假设，假设捐赠行动在第一阶段为社会力量带来的

心理收益 $\alpha_s$ 服从分布函数为 $G_{SD}(\cdot)$、概率密度函数为 $g_{SD}(\cdot)$ 的均匀分布（Gallego，2010；Nasiry and Popescu，2012）。

### 5.2.2 决策流程描述

博弈流程的概念性模型如图 5-2 所示。在 $t=1$ 时刻自然灾害发生，灾区募捐方在第一阶段救援过程中发布募捐信息，包括需要物资的数量和质量要求。此时社会力量不了解募捐方类型，但是可以根据第一阶段的募捐信息，更新对募捐方类型的信念，进而决定是否捐助。在 $t=2$ 时刻，灾区部门已经搜集并整理了灾情和救援工作信息，通过媒体公布于众。灾区部门发布第二阶段募捐信息时社会力量可以根据灾害实情决定是否捐助。

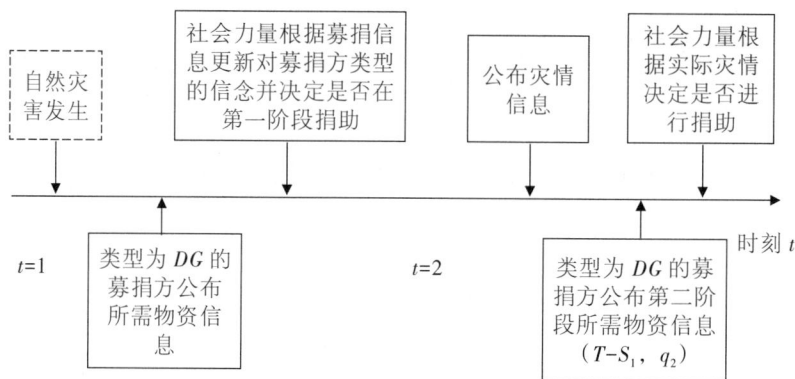

图 5-2　两阶段社会募捐问题的博弈流程图

在第一阶段的救灾初期，如果重灾区（*HD*）和轻灾区（*LD*）的两种募捐方分别选择不同阶段进行募捐，或者在相同阶段募捐时发布不同物资的数量和质量需求，社会力量可以通过募捐信息甄别政府受灾类型、政府主导的募捐策略实现分离均衡。若两类募捐方在均衡状态下选择的募捐策略完全相同，则为混同均衡。考虑灾害救援工作初期灾情信息不充分，本章根据不完全信息动态博弈的精炼贝叶斯纳什均衡，分析灾区募捐方动员社会力量参与救灾募捐的均衡策略（Fudenberg and Tirole，1991）。

灾区物资需求总量为$T$。社会力量在第一阶段能捐赠的最大数量为$N_1$，在第二阶段能捐赠的最大数量为$N_2$。灾区募捐方第一阶段实际募捐所得物资数量记为$S$，$S \in [0, \min(T, N_1)]$。第一阶段没有进行捐赠的物资数量为$(N_1 - S)$。募捐方在第二阶段所需物资总数为$(T - S)$，可能获得的最大物资数量为$(N_1 + N_2 - S)$。第二阶段捐赠者已经了解灾情信息，决定捐赠时需要满足参与约束，即单位捐助物品带来的效用不为负。

根据逆序求解法，首先分析第二阶段募捐行为，第二阶段实际捐助物资的总数量为：

$$m_2 = (N_1 + N_2 - S)\overline{G}_{SD}(q_2 - \kappa d_{DG}) \tag{5-2}$$

第二阶段灾区物资的需求量为$T - S$，灾区募捐方发布募捐物资的质量要求为$q$。募捐方在第二阶段募捐所获得的效用为：

$$U_{2DG}(q_2, S) = q_2 \min\{T - S, (N_1 + N_2 - S)\overline{G}_{SD}(q_2 - \kappa d)\} \tag{5-3}$$

可以证明（Yu，Kapuscinski，and Ahn，2015），灾区募捐方在第二阶段发布募捐物资的最优质量要求为：

$$q_{2DG}^* = \begin{cases} q_{2DG}^B = \kappa d + (\overline{G}_{SD})^{-1}\left(\dfrac{T - S}{N_1 + N_2 - S}\right), & \dfrac{T - S}{N_1 + N_2 - S} > \overline{G}_{SD}(q_{2DG}^U - \kappa d_{DG}) \\ q_{2DG}^U = \dfrac{\overline{G}_{SD}(q_{2DG}^U - \kappa d_{DG})}{g_{SD}(q_{2DG}^U - \kappa d_{DG})}, & \dfrac{T - S}{N_1 + N_2 - S} \leqslant \overline{G}_{SD}(q_{2DG}^U - \kappa d_{DG})\text{且}d_{DG} < \bar{d}_{DG} \\ q_{2DG}^U = \kappa d_{DG} + \alpha_S, & \dfrac{T - S}{N_1 + N_2 - S} \leqslant \overline{G}_{SD}(q_{2DG}^U - \kappa d_{DG})\text{且}d_{DG} \geqslant \bar{d}_{DG} \end{cases}$$

$$\tag{5-4}$$

其中，

$$\bar{d}_{DG} = (1/g_{SD} - \alpha_s)/\kappa \tag{5-5}$$

分析式（5-4），灾区募捐方对物资的质量要求受到灾害损失、社会力量的心理收益和所需物资数量三个因素影响。当所需募捐的物资数量非常大，并且受灾损失相当严重时（$d_{DG} < \bar{d}_{DG}$），灾区募捐方在第二阶段公布的最优募捐物资质量要求为$\kappa d_{DG} + \alpha_S$。遭受损失的临界值$\bar{d}_{DG}$对募捐物资最优质量标准产生了很大的影响。

接下来分析第一阶段募捐行为，第一阶段募捐物资数量为$S$，如果灾区募捐方在第一阶段发动社会力量进行募捐，社会力量将根据募捐信息更新自己对灾区募捐方类型的信念$p'_{HD}(q_1, S)$，以此决定是否捐助。

如果社会力量在灾后的第一阶段进行捐助，所获得期望效用为：

$$U_{SD1}(q_1, S) = \mathrm{E}_{\alpha_S, \ d_{DG}}\left[\kappa d_{DG} + \alpha_S - q_1\right] \tag{5-6}$$

如果社会力量选择在第二阶段得知真实灾情信息后捐助，期望效用函数为：

$$U_{SD2}(q_1, S) = \mathrm{E}_{\alpha_S, \ d_{DG}}\left[\max\left(\kappa d_{DG} + \alpha_S - q_2^*\right), \ 0\right] \tag{5-7}$$

当且仅当$U_A(p_1, S) \geq U_D(p_1, S) \geq 0$时，社会力量在第一阶段捐助成为最优决策，可得：

$$q_1 \leq \mathrm{E}_{\alpha_S, \ d_{DG}}\left[\min\left(q_2^*, \ \kappa d_{DG} + \alpha_S\right)\right] \tag{5-8}$$

式（5-8）的右侧表示社会力量在第一阶段捐助时，所能捐赠的最优物资质量。

社会力量是否在第一阶段进行捐助仅取决于第一阶段的期望效用。分析式（5-8）可知，社会力量的心理收益$\alpha_S$都服从相同的概率分布，社会力量对于灾害程度也有着相同的信念$p'_{HD}(q_1, S)$，因此社会力量的最大捐助意愿相同。灾区募捐方在第一阶段发布募捐号召时，社会力量或都选择在第一阶段进行捐助，或都不捐助。因此灾区募捐方可以通过调整物资质量规格募得足够的物资。

将社会力量对于募捐方类型的信念$p'_{HD}(q_1, S) \in (0, 1)$代入式

（5-8）中，

$$q_1 \leqslant p'_{HD}(q_1, S)q^*_{1HD} + \left(1 - p'_{HD}(q_1, S)\right)q^*_{1LD} \tag{5-9}$$

其中，$q^*_{1DG} = \mathrm{E}_\alpha\left[\min\left(q^*_{2DG}, \kappa d_{DG} + \alpha_S\right)\right]$代表社会力量认为募捐方的类型为 DG 时，在第一阶段进行捐助所能承受的最高物资质量规格。

灾区募捐方在两阶段灾后募捐所获得的总收益为：

$$U^a_{DG}(q_1, S, p'_{HD}) = q_1 S + U^*_{2DG}(S) \tag{5-10}$$

其中，上角标 $a$ 表示第一阶段灾情处于不完全信息状态。

为了研究灾情信息不对称现象对于社会力量捐助行为的影响，下文对比分析完全信息与不完全信息的模型。

## 5.3　募捐信息发布策略信号博弈模型的均衡分析

### 5.3.1　完全信息下最优募捐策略

随着大数据技术在灾情研判和灾害救援中的广泛应用，以及灾情信息发布和共享机制的建立与完善，社会力量有可能在灾害发生后的第一时间获取灾情损失信息。假设社会力量在救灾第一阶段对灾区政府的真实类型和所需的募捐物资均拥有完全信息，社会力量所能接受的募捐物资质量规格为 $q^f_{1DG}(S)$，上角标 $f$ 代表完全信息。$q^f_{1DG}(S)$ 是严格占优的，其他更高物资质量规格会令社会力量无法承受。所以灾区募捐方发布募捐物资的最优质量规格为 $q^f_{1DG}(S)$。

在完全信息下，灾区政府在第一阶段募捐的收益为：

$$\max_{S \in [0, \min(T, N_1)]} U^f_{DG}(S) = q^f_{1DG}(S)S + U^*_{2DG}(S) \tag{5-11}$$

分析完全信息下灾区募捐方公布第一阶段募捐物资的最优需求量

$S_{DG}^{f*}$，得到结论 5-1 和结论 5-2。

结论 5-1：在灾后救援第一阶段灾情完全信息下，灾区政府募捐物资的需求数量存在着两个与受灾程度无关的临界值 $T_1$ 和 $T_2$，$0 \leqslant T_1 \leqslant T_2 \leqslant N_1 + N_2$，募捐方灾后第一阶段的最优募捐策略如下：（1）当 $T \leqslant T_1$ 时，$S_{DG}^{f*} = 0$；（2）当 $T \in (T_1, T_2)$ 时，$0 < S_{DG}^{f*} < \min(T, N_1)$；（3）当 $T_2 \leqslant T \leqslant N_1 + N_2$ 或者 $T > N_1 + N_2$ 时，$S_{DG}^{f*} = \min(T, N_1)$。

结论 5-1 表明，完全信息下，物资总量对灾区募捐方的最优募捐策略有着重要的影响。当物资总量较小时，$0 < T \leqslant T_1$，灾区募捐方不应在灾后第一阶段进行募捐，因为此时灾区募捐方募捐净收益随着第一阶段的募捐量单调递减。当所需物资总量增加时，$T_1 < T < T_2$，灾区募捐方募捐净收益随着第一阶段募捐量呈现出先递增后递减的变化趋势，因此存在着第一阶段的最优募捐策略，即将部分所需物资放在第一阶段进行募捐。当物资总需求量进一步增大但是未超出社会力量的捐赠能力，$T_2 \leqslant T \leqslant N_1 + N_2$，甚至社会力量可提供的捐助能力已经无法满足总物资需求量时，$T > N_1 + N_2$，灾区募捐方的募捐收益随着第一阶段募捐量呈现出非递减线性关系，此时灾区政府应该尽可能多地在第一阶段进行募捐。

结论 5-2：在灾后救援第一阶段灾情完全信息下，两种受灾类型的灾区政府在第一阶段募捐中公布同样的救灾物资需求量，$S_{HD}^f = S_{LD}^f$。此时，重灾区政府部门募捐的物资质量规格总是高于轻灾区。

结合结论 5-1 和结论 5-2 分析可知，在完全信息下当地政府募捐的最优策略与政府受灾程度无关，仅取决于政府所需募捐物资的数量。因此，灾区募捐方在第一阶段的募捐过程中公布相同数量的物资需求，灾区募捐方类型只能通过募捐物资的质量规格来反映，即重灾区政府的救灾物资质量规格更高。

### 5.3.2 完全信息下的最优募捐策略

在自然灾害初期救援中，灾情信息搜集、发布和共享等存在着较多的困难，导致灾情信息难以及时公布。社会力量可以将灾区募捐方发布的募捐信息作为灾区受灾程度的有效信号，本节分析当地政府的最优募捐策略。

（1）分离均衡

不完全信息存在效用损失，灾区募捐方的物资质量规格不高于完全信息下的质量规格，即 $q \leq q_1^*(S)$，灾区募捐方发动社会力量募捐获得的总效用为：

$$U_{DG}^a(q_1, S, p'_{HD}) = q_1 S + U_{2DG}^*(S) \tag{5-12}$$

在分离均衡中，遭受不同灾害损失的政府将在第一阶段采取不同的募捐策略，社会力量以募捐信息作为信号进行甄别。实现分离均衡至少符合以下一种情况：①只有一种类型的灾区募捐方选择在第一阶段进行募捐；②两类灾区募捐方都在第一阶段进行募捐，但是对募捐物资的数量和质量要求不同。在分离均衡下，轻灾区募捐方的策略总是与完全信息下最优募捐策略相同（$q_{1L}^a = q_{1L}^f$, $S_L^a = S_L^f$）。因为在分离均衡中轻灾区的募捐方可以被社会力量甄别，选择完全信息下的策略组合最大化收益。对重灾区的政府部门来说，需要解决以下问题：

$$\max_{(q_{1HD}^a, S_{HD}^a)} U_H^a(q_{1HD}^a, S_{HD}^a, b) = q_{1HD}^a S_{HD}^a + U_{2HD}^*(S_{HD}^a) \tag{5-13}$$

$$\text{s.t.} \begin{cases} S_{HD}^a = 0 \text{或者} S_{HD}^a \in (0, \min(T, N_1)), \ q_1 \in [q_{1LD}^*(S), \ q_{1HD}^*(S)] \\ (q_{1HD}^a, S_H^a) \neq (q_{1LD}^f, S_L^f) \\ U_{LD}^a(q_{1HD}^a, S_H^a, 1) \leq U_L^a(q_{1LD}^f, S_{LD}^f, 1) \\ U_{HD}^a(q_{1HD}^a, S_H^a, 1) \geq U_H^a(q_{1LD}^f, S_{LD}^f, 1) \end{cases} \tag{5-14}$$

目标函数（5-13）表示灾区政府募捐策略的最大效用。式（5-14）前两个约束条件为参与约束，后两个约束条件为激励相容约束，两类募捐方没有相互伪装的动机。

图5-3直观展示了两类募捐方均采用轻灾区募捐方完全信息下最优策略时的等收益曲线，两条曲线相交在点$\left(q_{1LD}^f, S_{LD}^f\right)$。重灾区政府的等收益曲线，必将从轻灾区政府的等收益曲线下方穿过，有且仅有一个交点。如果政府以更高的品质募捐到足够量的救灾物资，收益也会提高，在等收益曲线之上的策略组合都代表着更高的收益。只有在阴影区域内的点才会成为重灾区政府的可行策略，从图中可以观察到任何满足$S < S_{LD}^f$的可行域之中的策略组合都可以使重灾区政府被社会力量甄别，所以重灾区政府在第一阶段的募捐过程中会公布较少数量的物资需求。

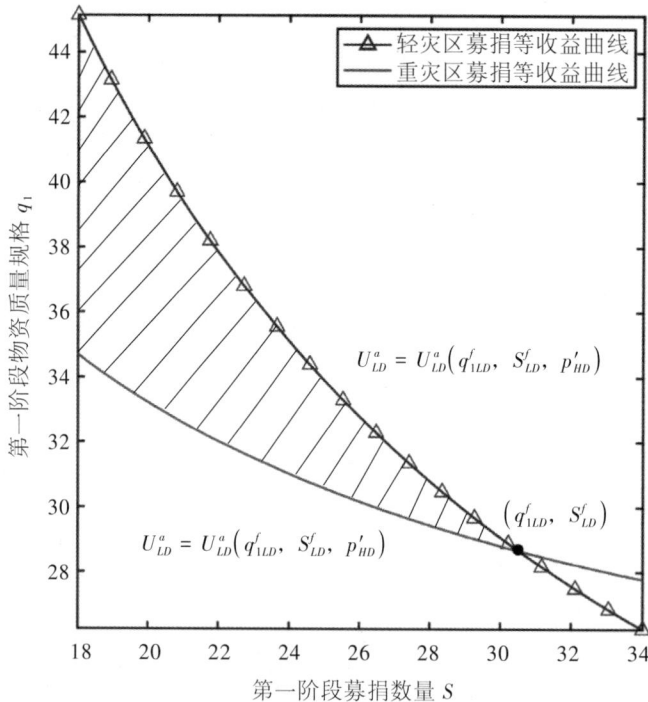

图5-3　两种类型募捐方第一阶段的分离均衡

结论 5-3：在灾后救援第一阶段灾情不完全信息下，轻灾区募捐方仍将采用完全信息下均衡募捐策略。为实现分离均衡、被社会力量甄别，重灾区政府公布第一阶段的募捐物资需求量时满足以下两点：①募捐物资需求量小于轻灾区募捐方的物资需求量；②募捐物资需求量小于自身完全信息下的物资需求量。

结论 5-3 说明，在灾后救援第一阶段，灾情信息不完全性只影响到了重灾区的均衡策略，轻灾区的均衡策略仍与完全信息下一致。重灾区可以通过调整第一阶段募捐需求量实现信息甄别。如果两类募捐方在灾情信息不完全下发布相同数量的物资需求，那么重灾区的物资质量规格一定高于轻灾区募捐方，后者可以通过提高物资质量规格伪装成重灾区以提高收益。所以，为了避免轻灾区的伪装策略产生混同均衡，重灾区可以降低物资需求量，传递出真实信号，在第二阶段募捐活动中满足救灾物资的需求。值得注意的是，在完全信息下，物资质量规格可以作为甄别募捐方的信号。但是在不完全信息下，物资质量规格无法作为显示信号。不完全信息下，物资数量可以作为有效的信号传递出真实的灾情信息。因此，在灾情信息不充分的情况下，重灾区为了避免误报谎报灾情的混同均衡，发布第一阶段的募捐物资需求量时应采取偏于保守的均衡策略。

（2）混同均衡

在灾后救援第一阶段灾情信息不充分情况下，两类灾区募捐方采取的募捐策略处于混同均衡时，两类募捐方都采用相同的募捐策略，或在第一阶段发布相同的募捐信息，或在第一阶段均不进行募捐。社会力量无法通过募捐信息实现信息甄别。

图 5-4 直观反映了两类募捐方在第一阶段募捐策略的混同均衡。两类灾区募捐方采用募捐策略组合 $\left(q_1^E, S^E\right)$ 同时实现收益最大化，出

现了混同均衡。根据当地救灾部门募捐收益的单调性可知，当灾区政府第一阶段发布的物资需求量处于 $S \in \left(0, \; S^E\right)$ 时，重灾区的收益曲线位于轻灾区的收益曲线下方。因此，如果重灾区减少募捐物资的需求量，同时提高物资质量规格，即 $0 < S^P < S^E$ 时，新的募捐策略组合 $\left(q_1^P, \; S^P\right)$ 相对于原混同均衡策略组合 $\left(q_1^E, \; S^E\right)$ 的收益得到提高。但是对于轻灾区的收益则降低。当面临混同均衡时，重灾区可以在第一阶段募捐中减少物资数量并提高物资质量规格，使社会力量有效地实现信号甄别，识别出不同类型的政府募捐需求。

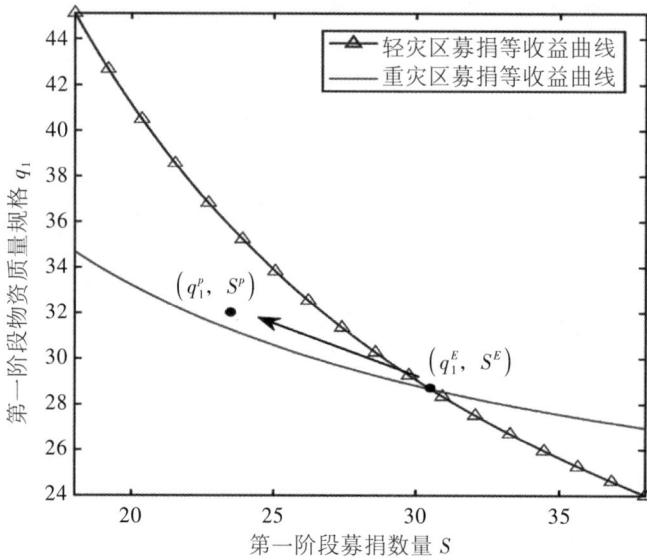

图5-4　两种类型募捐方第一阶段的混同均衡

结论5-4：在灾后救援第一阶段灾情不完全信息下，如果两种类型的灾区募捐方都发布相同数量和质量的募捐物资需求，将处于混同均衡状态。为了实现甄别，重灾区可以发出减少募捐需求量和提高捐赠物资质量的信号，从而使社会力量实现有效的信息甄别。

结论5-4表明，在灾情信息不充分的情况下，轻灾区募捐方存在着谎报灾情和募捐物资需求"一刀切"的可能性，导致了社会力量的捐赠物资难以到达最急需的灾区群众手中。为了解决这个问题，重灾区在灾情信息不明确的情况下面向社会力量进行募捐活动时，应该采取谨慎的募捐策略，即减少募捐数量的同时提高物资质量规格，实现有效的信息传递。

## 5.4　数值分析

自然灾害具有的突发性、不可重复性和社会行为潜在性等特征，导致公开数据资料匮乏，同时灾害救援的情境依赖性使救援事后访谈难以重现。尤其是在自然灾害救援问题中，潜在捐助人数、社会力量对政府类型的信念等都难以通过调查分析获取数据。现有研究针对灾害救援问题普遍采用数理建模求解并辅以数值分析的方法进行验证（Vanajakumari，Kumar，and Gupta，2016；Aflaki and Pedraza-Martinez，2016；林琪、赵秋红、倪冬梅，2018）。本章主要关注灾情信息不对称情况下，重灾区如何通过募捐策略实现信息传递，如何实现分离均衡。为对研究结论加以验证，本章构建不同管理情境对灾害损失、潜在捐助人数等重要参数来进行数值分析。

本章采用列举法对两类募捐方不完全信息下的均衡策略进行算例分析。在参数满足约束条件和不影响分析结论的条件下，为简化计算，各参数取值 $p_{HD} = 0.6$，$\kappa = 1$，$\alpha_s \sim u(-5，5)$。灾害损失 $d_{DC}$ 和潜在捐助人数 $N_1$、$N_2$ 是本问题的关键影响因素。为了避免结论只依赖于给定参数值，分别设置两种情境进行分析。由式（5-5）和式（5-6）可知，救灾部门募捐收益函数受物资总需求 $T$ 和灾害损失 $d_{DC}$ 影响，共有三种形式。本章对每种形式设置了六组情境进行分析对比。结果发现，三类政府收益函数并不影响结论。为节约篇幅，下文仅选取 $d_{DG} \geqslant \bar{d}_{DG}$ 的情况进行展示，分别分析当灾情损失发生变化时和潜在捐助人数发生变化时的均衡策略情况。

### 5.4.1 灾情损失发生变化时的数值分析

当社会力量捐赠意愿较低，且自然灾害影响极为严重时，即 $q_{2DG}^{U} = \kappa d_{DG} + \alpha_S$，$d_{DG} \geqslant \bar{d}_{DG} = \left( 1/g_S (\alpha_S) - \alpha_S \right)/\kappa = 10$，灾害损失 $d_{DG}$ 和潜在捐助人数 $N_1$、$N_2$ 是本问题的关键影响因素。为了避免得出结论只依赖于给定参数值，设置多种情境进行分析。首先设 $N_1 = N_2 = 20$，考虑 $\left( d_{LD},\ d_{HD} \right) = \left( 10,\ 20 \right)$，$\left( d_{LD},\ d_{HD} \right) = \left( 20,\ 40 \right)$ 和 $\left( d_{LD},\ d_{HD} \right) = \left( 30,\ 40 \right)$ 三种情况，数值结果如图5-5所示。

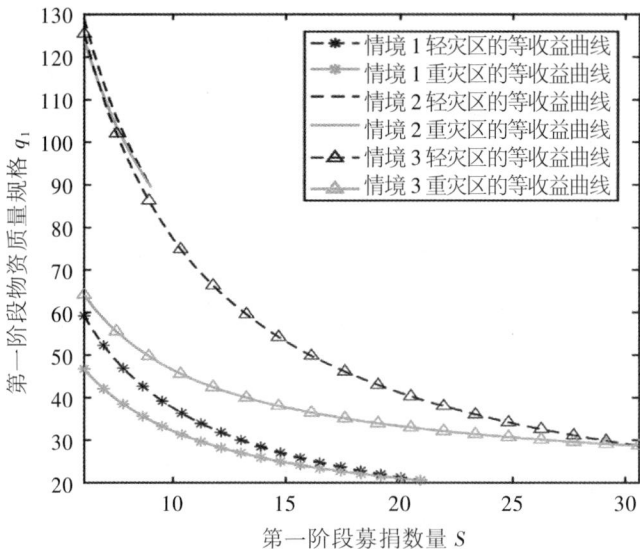

图5-5　灾情变化时，分离均衡方案分析

观察5-1：灾情损失程度以及两类募捐方受灾差异并不阻碍分离均衡的实现，重灾区仍然可以通过减少募捐需求量和提高捐赠物资质量的方式实现信息传递。

由图5-5可以看出，当灾情损失发生变化时，重灾区等收益曲线均从轻灾区下方穿过。两类募捐方的策略在交点处实现混同均衡。重灾区总可以通过减少募捐物资数量需求、提升质量规格的方式排除混同均衡，实现分离均衡，提升自身收益的同时又无法被轻灾区模仿，进而实现信息传递。

### 5.4.2　潜在捐助群体数量变化时的数值分析

接下来分析潜在捐助群体数量变化是否会对分离均衡的实现造成影响。给定灾害损失，$(d_{LD}, d_{HD})=(10, 40)$，考虑 $(N_1, N_2)=(20, 30)$，$(N_1, N_2)=(20, 20)$，$(N_1, N_2)=(30, 30)$ 三种情况，数值结果如图5-6所示。

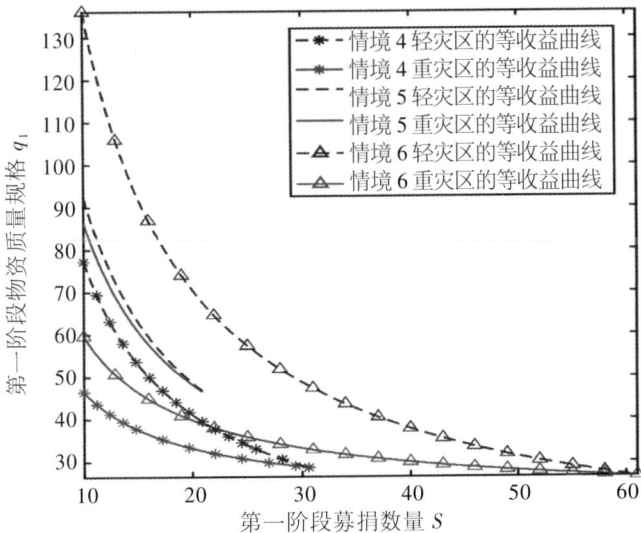

图5-6　潜在捐助人数变化时，分离均衡方案分析

观察5-2：在潜在捐助人数发生变化的情况下，重灾区仍然可以通过减少募捐需求量和提高捐赠物资质量的方式实现信息传递。

由图5-6可以看出，两阶段的潜在捐助人数 $N_1$、$N_2$ 发生变化时，重灾区等收益曲线仍均从轻灾区下方穿过，交点处两类政府均衡策略相同，出现混同均衡。重灾区减少募捐物资数量需求、提升质量规格的方式仍然可以作为实现分离均衡的信号，使自身成功被社会力量甄别。

## 5.5　本章小结

正如《中共中央 国务院关于推进防灾减灾救灾体制机制改革的意见》提出的，当前我国救灾资源配置方式是"党委领导、政府主导"，未来要"更加注重组织动员社会力量广泛参与"，这是我国政府主导灾害募捐问题的核心特征。灾区部门在灾害救援的过程中需要向社会公众传达出真实可靠的灾情信息和募捐需求，从而更好地引导和动员社会各界力量积极参与到灾害救援过程中。考虑到灾情信息不对称条件下政府主导的社会募捐问题，本章首次将信号博弈理论运用于社会募捐问题，构建了两阶段募捐问题的信号博弈模型。

由于灾害初期灾情信息搜集、共享和发布困难等，社会力量在第一阶段救援中缺少灾情和救援工作的真实信息，该阶段持续到灾区政府发布灾情信息为止。灾区募捐方在第一阶段救援工作中，可以选择发布募捐需求的时机和初期发布募捐物资的数量和质量等信息作为信号，从而有效地传达出灾区政府遭受的灾害程度。沿着该思路，本章构建了灾区募捐方救灾募捐的两阶段信号博弈模型，通过理论分析得出研究结论：在灾情完全信息下，灾区募捐方所需救灾物资总量对募捐时机有着重要的影响，两种受灾类型的募捐方在第一阶段募捐中公布同样的救灾物资需求量，但是重灾区政府对募捐物资质量要求更高。在灾情不完全信息下，上报灾情和募捐物资需求"一刀切"导致了社会力量的捐赠物资难以到达最急需的灾区群众手中。此时，重灾区应该采取谨慎的募捐策略，即减少募捐需求量的同时提高物资质量规格，从而实现有效的信息传递。

本章研究还可以进行一些拓展，比如，本章研究假设政府与社会力量都是风险中性的，也没有考虑到政府税收减免等经济补偿对我国以企业为主的社会力量募捐行为的影响。此外，救灾物资的需求往往会随着灾害救援工作的推进发生变化，本章主要关注灾害损失信息不完全对救援工作造成的阻碍，没有考虑物资差异的影响，这些问题都可以进一步丰富拓展。

6

# 基于不完全信息序贯博弈的定向捐赠比例分配研究

当重大突发事件来袭时，政府主导的救灾部门面临着救灾物资需求激增的情况。为了充分发动社会力量参与灾害救援、吸引更多的捐赠，一些救灾部门为捐助方提供了定向捐赠的选择。我国《自然灾害救助条例》第二十四条明确规定："自然灾害救助款物专款（物）专用，无偿使用。定向捐赠的款物，应当按照捐赠人的意愿使用。"对于捐助方来说，定向捐赠意味着其对所捐出的物资具有更多的支配权限，因此更有利于激发捐助方的捐助意愿（Fuchs，Martijn，and Martin，2020）。但是，捐助方指定的救灾对象或者时间可能会与救灾部门自身的工作安排之间存在冲突，产生额外的运输、仓储等操作成本和时间成本，从而对救灾部门的工作产生负面影响，影响救灾部门的操作效率（Strom，2008；Aflaki and Pedraza-Martinez，2016；Tomasini and Van Wassenhove，2009）。在这种背景下，无国界医生和联合国难民事务高级专员公署等救灾机构已经开始明确要求捐助者不得指定捐助物资的用途。

由于灾害具有复杂性和不确定性，社会力量无法获知当前政府救灾部门对物资的操作效率，信息不完全性也会给社会力量的决策带来负面影响。除此之外，对于救灾部门，一方面，定向捐赠可以扩大潜在的捐赠对象的数量，从而使其募捐到更多的物资，有利于缓解灾发初期物资短缺的压力；另一方面，如果定向捐赠的数量过大，会影响救灾部门对救灾资金的操作效率，对灾害救援产生不利影响。因此，是否向社会力量提供定向捐赠，如何确定定向捐赠在总体捐赠物资中的比例是救灾部门需要权衡的重要问题。而作为捐赠主体的社会力量也需要根据救灾部门提供的募捐策略来决定是否捐赠以及具体的捐赠数量。但是，救灾部门负责一线救灾，社会力量则占有所需的资金和物资，双方难以在定向捐赠救灾物资比例的问题上快速达成统一。这种冲突往往需要通过谈判协商加以解决。而对于分秒必争的灾害救援工作来说，达成协议的时间越久意味着救灾时机被拖延得越久，所以双方在冲突中又存在着快速达成协议的共同需求，Rubinstein的动态谈判模型为时间约束下快速达成一致的谈判问题提供了良好的分析思路（Rubinstein，1982）。根据《中华人民共和国慈善法》，现实中政府与社会之间也会就捐赠物资签订《捐赠协议书》，谈判模型的应用具有现实管理依据。

为进一步激发社会力量的捐助意愿，本章构建了按定向捐赠比例分配的不完全信息博弈模型。6.1节给出了定向募捐问题的理论背景，解决了"是什么"的疑虑，并为构建定向救灾物资确定的谈判模型提供了理论依据；6.2节从现有政府主导的模式出发，构建了关于物资操作效率不完全信息下救灾部门单方决策下的最优定向募捐比例分配问题，并分析了影响募捐数量和救灾效果的关键参数，进一步分析了政府部门主动进行信息披露以打破信息壁垒的募捐救灾效果，给出了以政府为主导的单方决策下的募捐策略选择的参考依据；6.3节进一步考虑了政府和社会力量的时间偏好，构建了双方协商定夺的不完全信息动态谈判模型，分别分析了当政府救灾部门和社会力量分别在谈判中处于优势地位时的最优决策和决策效果，给出了双方谈判情境下的募捐策略选择的参考依据；6.4节通过数值分析的方式对比了政府救灾部门不完全信息下的单方决策、主动进行信息披露的单方决策，以及不完全信息的谈判模式三种情形下的募捐效果和救灾效果，为政府救灾募捐策略选择提供了理论依据，解决了宏观层面上的策略选择问题；6.5节给出了本章的重要结论和管理启示。

## 6.1　问题提出与前提假设

### 6.1.1　问题提出

作为募捐方的政府救灾部门与作为捐赠方的社会力量，需要就定向捐赠物资的比例、捐助物资总量等内容达成一致后，签署捐赠协议。其中，物资操作效率信息不完全背景下，如何确定定向捐赠的比例是政府救灾部门面临的决策难题。《中华人民共和国慈善法》第三十九条规定："慈善组织接受捐赠，捐赠人要求签订书面捐赠协议的，慈善组织应当与捐赠人签订书面捐赠协议。书面捐赠协议包括捐赠人和慈善组织名称，捐赠财产的种类、数量、质量、用途、交付时间等内容。"由于在实际救助过程中，政府对募捐物资的信息公开方面存在着不透明不及时的问题（范丽娜，2021），这导致社会力量无法确切地知晓社会力量的物资操作效率，为政府募捐工作增加了障碍。除此之外，尽管定向捐赠可以吸引更多的物资捐助并提升救灾部门所募捐到的物资总量，但是，过多的定向捐赠物资又会给救灾部门的物资操作效率带来负面影响，进而降低灾害救援的效果。因此，是否接受社会力量的定向捐赠以及如何确定定向捐赠在全部受捐物资中所占据的比例是政府救灾部门在募捐问题中所面临的难题。定向捐赠比例对救灾募捐工作的影响如图6-1所示。

而当前管理学界对于募捐物资权限分配的研究主要关注完全信息下救灾主体开启接受定向捐赠的时机（Toyasaki and Wakolbinger，2014；Aflaki and Pedraza-Martinez，2016），以及救灾主体单方决策下如何确定可接受的定向捐赠比例（Pedraza-Martinez and Van Wassenhove，2013；Besiou，Pedraza-Martinez，and Van Wassenhove，

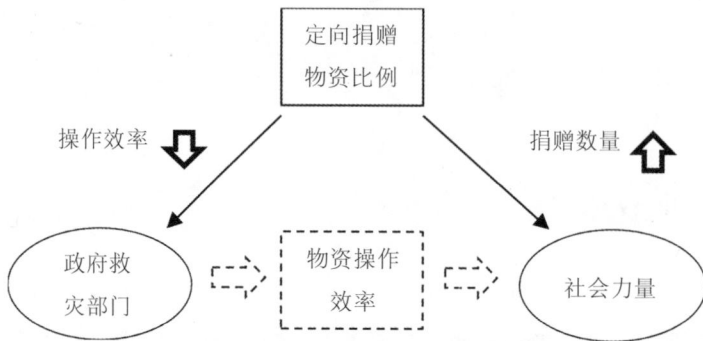

**图6-1 定向捐赠比例对救灾募捐工作的影响**

2014；Bhattacharya，Hasija and Van Wassenhove，2015)。救灾主体对
救灾物资操作效率的信息不对称，以及捐助方的主观诉求尚没有得到
学界的广泛关注。在理想模式下，政府救灾部门可以根据自身对定向
与非定向两类救灾物资的操作效率和预期募捐所得的物资总量等信息
进行评估，单方决策得出达成最佳救灾效果的定向捐赠物资比例。但
是，这种决策模式受到了信息不完全和社会力量诉求两方面因素的干
扰。鉴于救灾工作时间宝贵、分秒必争，本章提出两种解决模式。其
一是政府部门在开展救灾募捐时主动进行信息披露，对救灾工作计
划，以及参与救灾的人员设备情况进行摸底统计，并向社会公布，以
打破信息壁垒。但是，摸底统计以及信息披露工作不仅会占用政府部
门办公资源，也会损失一定的时间，政府部门需承担以上两方面的成
本；其二是考虑社会力量在灾害救援过程中有自己的诉求，与社会力
量就救灾物资中定向捐赠比例的问题展开谈判。但是，谈判的同时也
会导致办公资源以及时间的浪费，如果双方为达成彼此所能接受的募
捐协议而协商斡旋，势必会导致救援时机的延误，不利于分秒必争的
灾害救援工作。同时，也有违于以民为本的政府救灾部门的救灾初衷
和社会力量通过募捐助力灾害救援的初衷。因此，在时间偏好的影响
下，政府救灾部门和社会力量都有着尽快达成协议的倾向。无论是协

商谈判的拖延还是最终谈判的破裂都会给双方带来损失，这也就意味着即便在考虑社会力量自身意愿和诉求的情况下也应该尽快达成协议，避免因时间延误而导致灾害救援效果的降低。本节在现有定向捐赠研究基础上（Toyasaki and Wakolbinger，2014；Aflaki and Pedraza-Martinez，2016），进一步将定向捐赠比例内生化为双方讨价还价的结果，丰富了救灾部门制定募捐策略的决策依据和应用场景。

政府救灾部门与社会力量对于定向捐赠救灾物资的谈判与商业供应链和劳资协议中的谈判存在着本质的不同：首先，商业供应链和劳资协议中的谈判通常是关于销售利润或者是生产盈余的分配。但是在捐赠问题上，救灾部门和捐赠方因灾害救援而产生的收益是无形的，不能像商业利润那样直接分配；其次，定向捐赠谈判问题中，双方不是针对特定的收益进行分配谈判，其讨价还价的对象是定向捐赠物资的比例，这个比例进一步影响着双方在灾害救援中所获得的收益。也就是说，谈判待确定的定向捐赠的比例内生地影响着双方最终的收益，这是本章所研究的灾害救援中定向捐赠物资比例分配谈判与传统供应链谈判和劳资谈判的根本区别和主要特征。

### 6.1.2　基本假设

**假设6-1**：募捐方为政府救灾部门，捐赠方为社会力量。

我国救灾资源配置方式是"党委领导、政府主导"，以各级党委和政府的行政手段为主体，因此政府救灾部门是灾害救援的主体。尽管在实际救援过程中，也存在着来自国际社会的捐赠和帮助，但是，正如《中共中央 国务院关于推进防灾减灾救灾体制机制改革的意见》指出的，在未来我国救灾机制应"更加注重组织动员社会力量广泛参与"，而社会力量参与灾害救援的最直接渠道就是物资捐赠。因此，本章研究政府救灾部门作为募捐方，企业或爱心团体等社会力量作为捐赠方的募捐问题。

**假设6-2**：政府部门对救灾物资的储存、运输、分配的操作流程的效率为不完全信息。

尽管企业和爱心团体等社会力量可以通过以往政府部门在灾害救援中的表现获知其对救灾的操作效率（Aflaki and Pedraza-Martinez，2016）。但是，由于灾害具有不确定性和复杂性，不同灾害应对中救灾部门的反应效率不尽相同。除此之外，救灾部门、公益部门的救援力量受制于有限的人力资源和办公资源，导致无法对募捐物资的使用信息进行及时的更新和披露（范丽娜，2021）。因此，本章假设政府部门对救灾物资的操作效率为不完全信息。

**假设6-3**：政府救灾部门对非定向捐赠物资的操作效率不低于对定向捐赠物资的操作效率。

救灾部门在满足社会力量定向捐赠要求的过程中，面临着诸多潜在的挑战和损失，一方面，如果社会力量定向捐赠的物资超过了实际客观需求，政府需要付出额外的仓储成本；另一方面，政府在对定向捐赠的物资进行操作的过程中，可能会付出额外的人力、物资以及时间成本，这也就意味着救灾部门处置定向捐赠物资时需要付出额外的资源和成本，而在非定向捐赠物资上拥有更多的自主权，政府救灾部门对非定向捐赠物资的操作效率也至少不低于对定向捐赠物资的操作效率（Toyasaki and Wakolbinger，2014）。

**假设6-4**：作为一线救灾主体的政府部门，可以在单方决定定向捐赠物资的比例和与社会力量协商谈判后决定捐赠比例两种策略中进行选择。

在我国，政府部门是灾害救援的主体。政府可以在对灾情、物资需求等信息进行评估后，决定是否接受社会力量的定向捐赠，以及由自己直接确定比例还是通过与捐赠方协商谈判后确定比例。

**假设6-5**：定向捐赠有助于募捐到更多的物资，因为社会力量从定向捐赠中获得更大的收益。本章研究对象为有定向捐赠诉求的社会群体。

众多研究表明，捐助方对于捐赠物资的控制权会为其带来额外的心理收益（Barman，2008；Besiou，Pedraza-Martinez，and Van Wassenhove，2014；Aflaki and Pedraza-Martinez，2016）。在实际问题中，捐赠方也会对捐赠物资的用途有自己的诉求，比如倾向于定点援助自己的家乡，或是定向援助某一个指定的救灾流程。因此，接受定向捐赠可以激发捐助者的捐助意愿，从而获得更多的募捐物资。

**假设6-6**：本章研究巨灾突发情境中救灾物资需求激增下的募捐问题，不考虑募捐物资数量大于实际救灾需求的情况。

在我国政府主导的救灾模式下，政府部门可以在灾前通过专项储备、政企联合储备和柔性储备等方式储备大量的救灾物资，足以应对中小规模的突发灾害。但是，面对诸如2008年汶川地震以及2020年新冠疫情等突发巨灾，当前储备机制尚显不足，需要发挥社会主义制度的优越性，激发社会力量积极参与。因此本章研究仅考虑突发巨灾情境下的募捐问题。

## 6.2 救灾部门单方决策下的不完全信息动态博弈模型

我国政府主导的救灾模式具有决策速度快、决策效率高的特点。因此当突发灾害发生后，政府救灾部门可以根据灾情结合单位救灾物资操作效率对预期募捐到的物资总量和募捐行为对灾害救援工作产生的收益进行迅速评估，以得出最优的可接受的定向捐赠物资的比例。本节主要研究物资操作效率信息不完全背景下政府完全主导的定向捐赠物资比例的确定问题，在该情境下政府救灾部门和社会捐赠方的收益受哪些参数影响，以及这些参数如何影响它们的收益。

### 6.2.1　政府救灾部门单方决策下定向募捐动态流程模型

如图6-2所示，当突发灾害发生后，政府救灾部门结合灾害和救援因素迅速进行评估，得出最优可接受定向捐赠比例$\varphi_{GF}$并发布募捐策略。社会力量根据政府所发布的募捐策略决定所捐赠的物资数量，由此政府救灾部门和社会力量得出最终的收益。

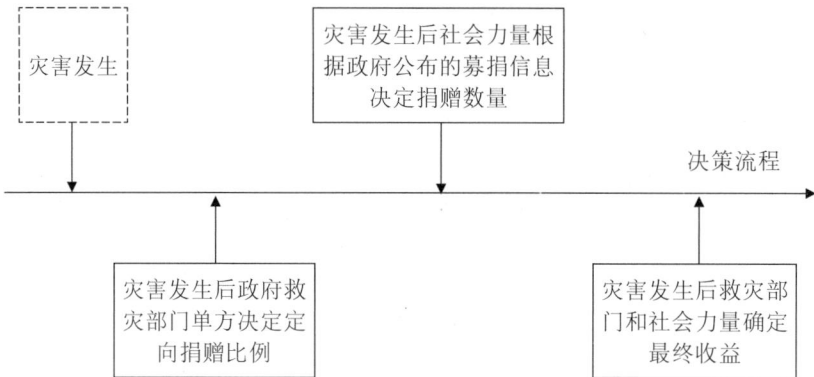

图 6-2　政府决策下定向捐赠募捐问题的博弈流程

政府救灾部门的期望收益函数如式（6-1）所示，

$$\mathrm{E}\big[U_{GF}\big(\varphi_{GF}\big)\big] = P_e\varphi_{GF}\mathrm{E}\big[D_{\varphi_{GF}}\big] + P_n\big(1-\varphi_{GF}\big)\mathrm{E}\big[D_{\varphi_{GF}}\big] \tag{6-1}$$

其中，$P_e$表示政府对单位定向捐赠物资的操作效率，$P_n$表示政府对单位非定向捐赠物资的操作效率。根据假设6-3，由于定向捐赠的物资会在仓储、运输以及救灾运作过程中的人力、物力等方面对救灾部门造成额外的负担，所以救灾部门对于非定向捐赠物资的操作效率至少不低于对于定向捐赠物资的操作效率（$P_n \geqslant P_e$）。对于社会力量来说，救灾部门对单位物资的操作效率是不完全信息。$\varphi_{GF}$是政府救灾部门的决策变量，表示可接受的定向募捐物资的比例。$D_{\varphi_{GF}}$ 表示在政府救灾部门所提供的定向救灾物资比例为 $\varphi_{GF}$ 时，社会力量所捐助的物资总量。式（6-1）等号右边第一项 $P_e\varphi_{GF}\mathrm{E}\left[D_{\varphi_{GF}}\right]$ 表示定向捐赠物资对政府救灾部门所产生的收益，第二项 $P_n\left(1-\varphi_{GF}\right)\mathrm{E}\left[D_{\varphi_{GF}}\right]$ 表示非定向捐赠物资对政府救灾部门所产生的收益。式（6-1）清晰地刻画了定向捐赠物资对政府救灾部门和救灾效果的两方面影响：一方面，政府救灾部门对于定向捐赠的单位物资操作效率较低（$P_n \geqslant P_e$），因此，定向捐赠物资比例 $\varphi_{GF}$ 的提高对救灾部门的救灾收益有负的影响；另一方面，由于定向捐赠有利于激发社会力量的募捐意愿，进而提升总体的物资捐赠数量，所以，定向捐赠物资比例 $\varphi_{GF}$ 的提高对救灾部门的救灾收益同时又存在着正向的反馈。

作为捐赠方的社会力量的捐赠效用函数如式（6-2）所示

$$\mathrm{E}\left[U_{SF}\left(\varphi_{GF}\right)\right] = \mathrm{E}\left[V\left(D_{\varphi_{GF}}\right) - C\left(D_{\varphi_{GF}}\right)\right] \tag{6-2}$$

社会力量捐赠行为的效用函数主要由捐赠所得的收益 $V\left(D_{\varphi_{GF}}\right)$ 和捐出物资所产生的成本 $C\left(D_{\varphi_{GF}}\right)$ 两部分组成。社会力量捐赠所得的收益主要受政府部门单位物资操作效率、每单位捐赠物资所产生的心理收益和所捐赠的物资总量三方面因素的影响。对于社会力量来说，定向捐赠产生的心理收益要远大于非定向捐赠所产生的心理收益（Fuchs，Martijn，and Martin，2020）。为了模型可解且不失一般性，参考 Aflaki 和 Pedraza-Martinez（2016），此处仅考虑定向捐赠物资对捐助者产生的心理收益。社会力量捐助物资所产生的成本 $C\left(D_{\varphi_{GF}}\right)$ 为对捐助物资总量 $D_{\varphi_{GF}}$ 的凸函数（$C\left(D_{\varphi_{GF}}\right)' > 0$，$C\left(D_{\varphi_{GF}}\right)'' > 0$），参考 Toyasaki 和 Wakolbinger（2014），$C\left(D_{\varphi_{GF}}\right) = \dfrac{1}{2}c_{GF}D_{\varphi_{GF}}^2$，其中，$c_{GF}$ 为捐赠物资的成本系数。因此，式（6-2）可以改写为：

$$\mathrm{E}\left[U_{SF}\left(\varphi_{GF}\right)\right] = \bar{P}_e\varphi_{GF}rD_{\varphi_{GF}} - \frac{1}{2}c_{GF}D_{\varphi_{GF}}^2 \qquad (6\text{-}3)$$

### 6.2.2 政府救灾部门单方决策下定向募捐的博弈均衡解

政府救灾部门作为灾害救援的一线主体，当灾害发生后率先做出应急响应，开展募捐活动。有捐助意愿的社会力量根据政府救灾部门提供的募捐信息决定捐赠数量。政府救灾部门与社会力量之间构成了斯塔克尔伯格博弈，本节使用逆向归纳法进行求解，首先将政府决策 $\varphi_{GF}$ 视为固定参数，对社会力量的最优捐赠量 $D_{\varphi_{GF}}$ 进行求解，再对政府决策 $\varphi_{GF}$ 进行求解，最后回代入社会力量决策 $D_{\varphi_{GF}}$ 中得出双方变量的参数表达形式。

由式（6-3），令 $\partial U_{SF}\left(\varphi_{GF}\right)\big/\partial D_{\varphi_{GF}} = 0$，$\bar{P}_e\varphi_{GF}r - c_{GF}D_{\varphi_{GF}} = 0$，

$$D_{\varphi_{GF}} = \frac{\bar{P}_e\varphi_{GF}r}{c_{GF}} \qquad (6\text{-}4)$$

分析式（6-4）可以得知，社会力量的最优捐赠量与政府救灾部门对单位捐赠物资的操作效率、定向捐赠物资的比例和单位物资给社会力量带来的心理收益成正比，与单位捐助物资所产生的成本成反比。

将 $D_{\varphi_{GF}} = \dfrac{\bar{P}_e\varphi_{GF}r}{c_{GF}}$ 代入式（6-2），并令 $\partial U_{GF}\left(\varphi_{GF}\right)\big/\partial\varphi_{GF} = 0$，

$$\varphi_{GF}^* = \begin{cases} \dfrac{P_n}{2\left(P_n - P_e\right)}, & P_n > 2P_e \\ 1, & P_n \leqslant 2P_e \end{cases}, \ 0 \leqslant \varphi_{GF}^* \leqslant 1 \qquad (6\text{-}5)$$

**结论6-1**：在政府部门单独决策的模式下，政府可接受的定向捐赠物资比例随着政府部门对非定向捐赠物资的操作效率提高而提高，随着对定向捐赠物资期望的操作效率和社会力量捐赠单位物资的心理

收益提高而降低。

分析式（6-5），可以发现，当政府部门对非定向捐赠物资的操作效率与定向捐赠物资的差值悬殊时（$P_n > 2P_e$），政府决策下的最优可接受的定向捐赠物资比例 $\varphi_{GF}^*$ 与政府对非定向捐赠物资的操作效率 $P_n$ 成反比，与定向捐赠物资的操作效率的期望 $P_e$ 成正比。换言之，政府对非定向捐赠物资的操作效率越高，可接受的定向捐赠物资比例越低。这意味着当政府部门可以通过非定向捐赠获得较高救灾收益时，为保证对物资的操作效率，将会降低对定向捐赠物资的接受量。对定向捐赠物资的操作效率越高，可接受的定向捐赠物资比例也就越高。而当政府部门对非定向捐赠物资的操作效率与定向捐赠物资的差值较小时（$P_n \leqslant 2P_e$），政府救灾部门接受全额的定向捐赠。

将式（6-5）代入式（6-4），可得出在政府救灾部门单方决策下，社会力量的最优捐助量为：

$$D_{\varphi_{GF}}^* = \begin{cases} \dfrac{\bar{P}_e P_n r}{2c_{GF}(P_n - P_e)}, & P_n > 2P_e \\[3mm] \dfrac{\bar{P}_e r}{c_{GF}}, & P_n \leqslant 2P_e \end{cases} \tag{6-6}$$

**结论 6-2：** 当政府救灾部门对两类物资的操作效率差异较大时，政府募捐总量随定向捐赠物资操作效率提高而增加。当政府救灾部门对两类物资的操作效率差异较低时，政府募捐总量与定向捐赠物资操作效率的期望相关。

分析式（6-6），当 $P_n > 2P_e$，在政府决策可接受定向捐赠物资比例的情境下，$\partial D_{\varphi_{GF}}^* \big/ \partial P_n = -\dfrac{2c_{GF} P_e \bar{P}_e \, r}{\left[2c_{GF}(P_n - \bar{P}_e)\right]^2} < 0$，这意味着社会力量的最优捐助量与政府救灾部门对非定向捐赠物资的操作效率成反比，政府救灾部门对非定向捐赠物资的操作效率越高，社会力量的捐赠积极

性越低。这是因为当政府对非定向捐赠具有较高操作效率时，可接受的定向捐赠物资数量相应地减少了，社会力量的捐助意愿也会随之降低。而当 $\dfrac{\partial D^*_{\varphi_{GF}}}{\partial \bar{P}_e} = \dfrac{P_n r}{2c_{GF}(P_n - P_e)} > 0$ 时，社会力量的捐助意愿随着救灾部门对非定向捐赠物资操作效率期望的提高而提高。直观上来看，当社会力量对政府部门定向捐赠物资操作效率的期望处于较高水平时，社会力量通过捐助可以获得的收益比较高，因此社会力量的捐助意愿会随着政府部门定向捐赠物资操作效率的提高而提高。当政府救灾部门对定向捐赠物资操作效率远远高于非定向捐赠物资的操作效率时，政府接受全额的定向捐赠，此时捐赠数量随着救灾部门对非定向捐赠物资的操作效率提高而提高。

### 6.2.3　政府救灾部门单方决策下定向募捐的博弈均衡收益

将式（6-5）和式（6-6）代入式（6-1）计算可以得出政府救灾部门在单方决策可接受定向捐赠比例情境下的均衡收益 $U^*_{GF}(\varphi_{GF})$，如式（6-7）所示：

$$U_{GF}(\varphi_{GF}) = \begin{cases} \dfrac{\bar{P}_e P_n^2 r}{4c_{GF}(P_n - P_e)}, & P_n > 2P_e \\[3mm] \dfrac{P_e \bar{P}_e r}{c_{GF}}, & P_n \leqslant 2P_e \end{cases} \tag{6-7}$$

**结论6-3**：当政府救灾部门对两类物资的操作效率差异较大时，政府救灾部门最优募捐收益随着对非定向捐赠操作效率和社会力量对定向捐赠操作效率期望的提高而提高。当政府救灾部门对两类物资的操作效率差异较小时，其最优募捐收益与非定向捐赠物资的操作效率无关。

当政府救灾部门对非定向捐赠物资的操作效率与社会力量对政府定向捐赠物资操作效率期望之间的差异较大时（$P_n > 2P_e$），

对政府的最优收益进行分析，得到 $\partial U_{GF}^{*}\left(\varphi_{GF}, D_{\varphi_{GF}}\right)\Big/ \partial r =$

$\dfrac{P_{n}^{2}\bar{P}_{e}}{4c_{GF}\left(P_{n}-P_{e}\right)} > 0$。这意味着政府通过募捐获得的救灾收益随着社会

力量捐助单位物资所带来的心理收益的提高而提高。当社会力量的公

益心、社会责任感处于较高水平时，社会力量通过捐助行为所获得的

收益也处于较高水平，此时社会力量的捐助积极性也处于较高水平，

政府救灾部门容易募集到更多的救灾物资。而政府救灾部门的最优收

益 $U_{GF}^{*}\left(\varphi_{GF}\right)$ 对定向捐赠物资的操作效率 $\bar{P}_{e}$ 的偏导数为 $\partial U_{GF}^{*}\left(\varphi_{GF}\right)\Big/ \partial \bar{P}_{e} =$

$\dfrac{P_{n}^{2}r}{4c_{GF}\left(P_{n}-P_{e}\right)} > 0$。政府救灾部门最优收益 $U_{GF}^{*}\left(\varphi_{GF}\right)$ 对非定向捐赠物

资操作效率 $P_{n}$ 的偏导数为 $\partial U_{GF}^{*}\left(\varphi_{GF}\right)\Big/ \partial P_{n} = \dfrac{4cP_{n}\bar{P}_{e}r\left(P_{n}-2\bar{P}_{e}\right)}{\left[4c_{GF}\left(P_{n}-\bar{P}_{e}\right)\right]^{2}} > 0$。以

上说明当政府对定向捐赠物资的操作效率远高于对非定向捐赠物资的

操作效率时，政府通过募捐所获得的灾害救援收益随着对两种物资操

作效率的提高而提高。当政府救灾部门对非定向捐赠物资的操作效率

与社会力量对政府定向捐赠物资操作效率的期望之间的差异较小时，

政府接受全额的定向捐赠，此时政府通过募捐所获得的救灾收益仅与

定向捐赠物资相关，并与其期望成正比。

接下来分析均衡状态下各参数对社会力量最优收益的影响。将式

（6-5）和式（6-6）代入式（6-3）计算可以得出社会力量和政府救

灾部门在单方决策可接受定向捐赠比例情境下的均衡收益，如式

（6-8）所示。

$$U_{SF}^{*}\left(\varphi_{GF},\ D_{\varphi_{GF}}\right) = \begin{cases} \dfrac{\bar{P}_e^2 P_n^2 r^2}{8c_{GF}\left(P_n - P_e\right)^2}, & P_n > 2P_e \\[4mm] \dfrac{r^2 \bar{P}_e^2}{2c_{GF}}, & P_n \leqslant 2P_e \end{cases} \qquad (6\text{-}8)$$

**结论6-4：**当政府救灾部门对两类物资的操作效率差异较大时，社会力量捐赠收益与救灾部门对定向捐赠物资的操作效率的期望，和对非定向捐赠物资的操作效率都成正比关系，当政府救灾部门对两类物资的操作效率差异较小时，社会力量捐赠收益只与救灾部门对单位定向捐赠物资的操作效率的期望有关，并呈二次增加的关系。

当政府救灾部门对非定向捐赠物资的操作效率，与对定向捐赠物资操作效率的期望之间的差异较大时（$P_n > 2P_e$），社会力量的最优收益 $U_{SF}^{*}(\varphi_{GF})$ 对社会力量对政府救灾部门定向捐赠物资的操作效率的期望 $\bar{P}_e$ 的偏导数为 ${\partial U_{SF}^{*}(\varphi_{GF})}\big/{\partial \bar{P}_e} = \dfrac{2\bar{P}_e P_n^2 r^2}{8c_{GF}\left(P_n - P_e\right)^2} > 0$。不难理解，此时社会力量的最优收益 $U_{GF}^{*}(\varphi_{GF})$ 随着对政府救灾部门定向捐赠物资的操作效率期望的增加而增加。接下来，求解社会力量的最优收益 $U_{SF}^{*}(\varphi_{GF})$ 对政府救灾部门对非定向捐赠物资的操作效率 $P_n$ 的偏导数为

$${\partial U_{SF}^{*}(\varphi_{GF})}\Big/{\partial P_n} = \dfrac{16c\bar{P}_e^2 P_n r^2\left(2P_n - \bar{P}_e\right)}{\left[8c_{GF}\left(P_n - \bar{P}_e\right)^2\right]^2},$$ 因 为 $P_n \geqslant \bar{P}_e$，所 以

${\partial U_{SF}^{*}(\varphi_{GF})}\big/{\partial P_n} \geqslant 0$，这意味着对于社会力量来说，尽管非定向捐赠不能给其带来直接的收益，但是，政府救灾部门对非定向捐赠物资的操作效率 $P_n$ 的增加也会导致社会力量的最优收益 $U_{SF}^{*}(\varphi_{GF})$ 的增加。当政府救灾部门对两类物资的操作效率差异较小时（$P_n \leqslant 2P_e$），社会力量捐赠收益对救灾部门对定向捐赠物资的操作效率的期望呈二次增加的关系，与非定向捐赠的物资操作效率无关。

156 "政府主导—社会参与"救灾模式下拨款和募捐问题的治理研究

### 6.2.4 信息披露激励机制下的政府定向捐赠接收比例决策的博弈模型

尽管社会力量可以通过以往政府部门的救灾表现获知以往政府的救灾效率（Aflaki and Pedraza-Martinez，2016），但是，由于灾害本身具有不确定性和复杂性，加之政府制度改革、办公设备更新和办公人员素养提升，社会力量仍然无法知晓当前阶段政府救灾部门对物资的操作效率，这影响了社会力量的捐助决策，给救灾物资募集带来了困难。但是，在人力资源和办公资源充足的情况下，政府救灾部门可以将救灾设备、救灾队伍信息，以及灾情变化及时对外进行披露更新，并实时跟进报道定向捐赠物资的落实情况，以此削弱救灾物资操作效率的信息不对称对社会力量捐助决策的影响，当然一系列的信息披露工作中政府部门也需要承担相应的人力、物力以及时间成本。本节假设当政府部门付出成本 $C_{GI}$ 进行信息披露后，社会力量可以清楚地获知政府部门对救灾物资操作效率的具体信息，打破信息屏障，并进一步分析该策略对政府救灾效果的影响。

在政府进行救灾物资操作效率信息披露的情况下，政府救灾部门与社会力量的收益函数分别如式（6-9）和式（6-10）所示。

$$U_{GF}(\varphi_{GF}) = P_e \varphi_{GF} D_{\varphi_{GF}} + P_n (1 - \varphi_{GF}) D_{\varphi_{GF}} - C_{GI} \tag{6-9}$$

$$U_{SF}(\varphi_{GF}) = P_e \varphi_{GF} r D_{\varphi_{GF}} - \frac{1}{2} c_{GF} D_{\varphi_{GF}}^2 \tag{6-10}$$

相比于政府救灾部门没有进行救灾信息披露的不完全信息状态，此时政府救灾部门需要承担灾害救援信息披露成本 $C_{GI}$，但是，由于此时社会力量可以清楚地获知政府救灾部门的物资操作效率，所以社会力量决策条件变得更为清晰。对式（6-9）和式（6-10）进行求解，可得此时社会力量的最优捐赠量如式（6-11）和式（6-12）所示。

$$\varphi_{GF}^* = \begin{cases} \dfrac{P_n}{2\left(P_n - P_e\right)}, & P_n > 2P_e \\ 1, & P_n \leqslant 2P_e \end{cases} \tag{6-11}$$

$$D_{\varphi_{GF}}^* = \begin{cases} \dfrac{P_e P_n r}{2c_{GF}\left(P_n - P_e\right)}, & P_n > 2P_e \\ \dfrac{P_e r}{c_{GF}}, & P_n \leqslant 2P_e \end{cases} \tag{6-12}$$

由于政府救灾部门对救灾过程，以及投入的器械工具和人员水平等情况进行了信息披露，因此社会力量已经可以精准地了解政府部门对募捐物资的操作效率，相当于在完全信息的环境下进行决策，在此状态下政府部门与社会力量的收益分别如式（6-13）和式（6-14）所示：

$$U_{GF}\left(\varphi_{GF}\right) = \begin{cases} \dfrac{P_n^2 P_e r}{4c_{GF}\left(P_n - P_e\right)} - C_{GI}, & P_n > 2P_e \\ \dfrac{P_e^2 r}{c_{GF}} - C_{GI}, & P_n \leqslant 2P_e \end{cases} \tag{6-13}$$

$$U_{SF}^*\left(\varphi_{GF}, \ D_{\varphi_{GF}}\right) = \begin{cases} \dfrac{P_e^2 P_n^2 r^2}{8c_{GF}\left(P_n - P_e\right)^2}, & P_n > 2P_e \\ \dfrac{r^2 P_e^2}{2c_{GF}}, & P_n \leqslant 2P_e \end{cases} \tag{6-14}$$

此时，对于社会力量来说，其处于完全信息下的决策状态，不需要再面临可能的政府救灾部门对物资操作低效率而带来的决策风险。而对于政府救灾部门来说，本节重点分析政府救灾部门开启信息披露时可以获得更好募捐效果的条件。因此只分析社会力量对政府部门物资操作效率期望低于实际情况时的情境，即 $\bar{P}_e < P_e$。

结论6-5：当政府救灾部门进行信息披露的成本小于信息披露前后募捐救灾收益差值时，政府部门可以通过信息披露获得更好的募捐救灾效果，该成本临界值与政府部门对定向捐赠和非定向捐赠物资的操作效率成正比，与社会力量对定向捐赠物资操作效率的期望成反比。

比较式（6-7）和式（6-13）可知，存在以下三种情况：对于开启部分定向募捐的情况来说，当信息披露的成本小于信息披露后可获得的收益差值时，即 $C_{GI} < \dfrac{P_n^2 r \left( P_e - \bar{P}_e \right)}{4 c_{GF} \left( P_n - P_e \right)}$，政府部门可以通过信息披露策略传递物资操作效率的信息，实现更好的募捐救灾效果，该成本临界值与政府部门对定向捐赠和非定向捐赠物资的操作效率成正比，与社会力量对定向捐赠物资操作效率的期望成反比；当 $2\bar{P}_e < P_n \leqslant 2P_e$ 时，政府部门如果不进行信息披露，须接受部分的定向捐赠，如果开启信息披露，则需要接受全部的定向捐赠。此时，当信息披露成本 $C_{GI} < \dfrac{4 P_e^2 P_n r - 4 P_e^2 \bar{P}_e r - P_n^2 \bar{P}_e r}{4 c_{GF} \left( P_n - \bar{P}_e \right)}$，政府部门开启信息披露成为占优策略，该成本临界值与政府部门对定向捐赠和非定向捐赠物资的操作效率成正比，与社会力量对定向捐赠物资操作效率的期望成反比。对于需要开启完全定向募捐的情况，当 $C_{GI} < \dfrac{P_e \left( P_e - \bar{P}_e \right) r}{c_{GF}}$ 时，政府部门进行信息披露为占优策略。该临界成本与政府部门对定向捐赠物资的操作效率成正比，与社会力量对定向捐赠操作效率的期望成反比。这意味着政府部门对定向捐赠物资的真实操作效率与社会力量的期望相差越少，政府部门进行信息披露的成本越小；相反，政府部门就需要付出更高的信息披露成本，进行更详尽的信息披露，只有这样才可以消除社会力量对物资操作效率的误解和偏见。

## 6.3　谈判协商情境下的不完全信息动态博弈模型

6.2节分析了在不完全信息下政府救灾部门通过单方决策，确定最优状态下可接受的定向捐赠比例的情境，并分析了政府部门开启信息披露策略的临界条件。本节将继续研究在考虑社会力量谈判能力的情况下，最优定向捐赠比例的确定问题。

### 6.3.1 动态谈判情境下决策流程

由于灾害救援时间紧迫，因此政府与社会之间需要尽快达成一致。Rubinstein提出的考虑时间价值的动态谈判理论为分析这类问题提供了良好的工具（Rubinstein，1982）。在政府救灾部门单方确定可接受定向捐赠比例的情境中，政府部门可以通过对物资操作效率、预期募捐的物资数量等因素的迅速评估，确定出最优状态下可接受的定向捐赠的物资比例。但是，在实际的灾害救援过程中，作为捐赠方的社会力量往往会提出特定的诉求，如分配特定的救灾物资给指定的受捐人群，指定的物资使用流程等。本节建立政府救灾部门和社会力量之间关于定向募捐比例的动态谈判模型，以分析考虑到社会力量在灾害救援过程中的独特诉求后，内生化的定向捐赠比例确定问题。根据《中华人民共和国慈善法》，现实中政府与社会之间也会就捐赠物资签订"捐赠协议书"，谈判模型的应用具有现实管理依据。具体博弈流程如图6-3所示，巨灾突发后，政府部门面临大量的救灾物资需求，在募捐过程中，救灾部门和社会力量通过协商确定定向捐赠的物资比例 $\varphi_{bi}$，由于谈判的拖延意味着救灾工作的延误，所以双方都期望尽快达成协议（$i = g$ 表示谈判过程中政府先报价，$i = d$ 表示谈判过程中社会力量先报价），社会力量进而决定捐赠数量 $D_{\varphi_{bi}}$，而后政府救灾部门和社会力量救灾过程中的最优收益得到确定。

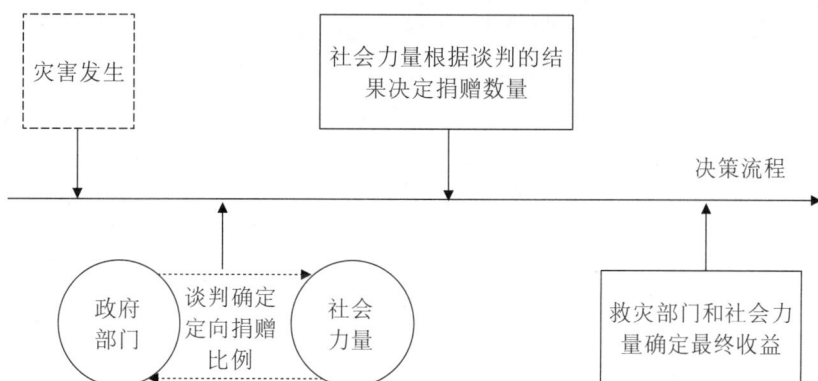

**图6-3　政府决策下定向捐赠募捐问题的博弈流程**

为了捕捉谈判拖延会导致救灾工作延误的特点,本节使用考虑时间价值的轮流报价的动态谈判模型来分析救灾部门与社会力量之间的谈判问题。符号 $t$ 表示谈判的轮次($t = 0$,1,2,…)。双方轮流提出对于定向捐赠物资比例的分配方案,当一方提出分配方案后,另一方可以接受或拒绝该提议。如果提议被接受,社会力量则根据提议中的定向捐赠物资比例决定具体的捐赠数量,进而达成募捐协议。如果提议被拒绝,那么谈判就会进入到下一轮,上一轮的接受者就会成为报价者进行提议。谈判轮次的增加意味着时间的拖延,双方的收益也将随之贴现。因为在轮流报价的 Rubinstein 讨价还价模型中,率先报价者具有先发优势,所以在实际管理问题占主导地位的报价方通常会首先提出报价。就灾害救援中的募捐问题来说,当政府救灾部门占据优势地位时,其往往具有独特的救援能力,社会力量只有通过捐助救灾部门才可以达成自己的救灾预期,当高强度地震发生时,道路损毁严重,救援工作唯有通过直升机、无人机等专业设备才能顺利开展;当社会力量占据优势地位时,其往往具有稀缺性物资,政府部门只有通过向社会力量进行募捐才可以获得稀缺性物资,完成救灾任务。例如,新冠疫情全球大流行期间,对于部分国家来说,口罩,防护服和疫苗等防疫物资属于稀缺资源，政府防疫部门在募捐过程中往往需要在一定程度上满足捐赠方的特定防控要求。

$\delta_g \in [0, 1]$ 和 $\delta_s \in [0, 1]$ 分别表示政府和社会力量的时间偏好程度，该程度主要通过募捐协议达成时双方收益的贴现来反映。由于救灾部门和社会力量在募捐过程中有尽快缓解已造成的负面影响、为灾民减轻痛苦的共同目的，所以为了避免救灾收益随着时间贴现而损失，双方都有着尽快达成协议的倾向。而谈判破裂则意味着双方得不到任何收益，因此对双方来说谈判破裂是最差的结果。因此，接下来的分析只关注政府救灾部门和社会力量之间达成协议的纯策略均衡。另外，不同于供应链和劳资协议中对固有的销售盈余进行分配的谈判问题，在本节的募捐谈判中，政府救灾部门和社会力量先对定向捐赠物资的占比进行谈判确定，通过谈判确定的占比 $\varphi_{bi}$ 进而影响双方的收益。双方在谈判过程中并不是一方收益增加而另一方收益减少的对立关系。

当谈判在第 $t$ 轮达成时，募捐方政府救灾部门的收益函数如式（6-15）所示：

$$\mathrm{E}\left[U_{GF}^t\left(\varphi_{bi}, \ D_{\varphi_{bi}}\right)\right] = \delta_g^t\left[P_e\varphi_{bi}\mathrm{E}\left[D_{\varphi_{bi}}\right] + P_n\left(1 - \varphi_{bi}\right)\mathrm{E}\left[D_{\varphi_{bi}}\right]\right] \tag{6-15}$$

其中，$\delta_g \in [0, 1]$ 表示随着谈判的拖延，时间贴现对政府救灾部门收益的影响。$P_e$ 和 $P_n$ 依然分别表示政府救灾部门对定向捐赠物资和非定向捐赠物资的操作效率，$\mathrm{E}\left[D_{\varphi_{bi}}\right]$ 表示社会力量捐赠出的物资总量。$\varphi_{bi}$ 表示政府救灾部门和社会力量通过谈判确定的定向捐赠的物资比例，不再由政府救灾部门单方决定。$P_e\varphi_{bi}\mathrm{E}\left[D_{\varphi_{bi}}\right]$ 表示政府救灾部门从定向捐赠的物资中获得的救灾收益，$P_n\left(1 - \varphi_{bi}\right)\mathrm{E}\left[D_{\varphi_{bi}}\right]$ 表示政府救灾部门从非定向捐赠的物资中获得的救灾收益。

当谈判在第$t$轮达成时，捐赠方社会力量的收益函数如式（6-16）所示：

$$\mathrm{E}\Big[U_{SF}^{t}\big(\varphi_{bi},\ D_{\varphi_{bi}}\big)\Big] = \mathrm{E}\Big[\delta_{s}^{t}\big[V\big(D_{\varphi_{bi}}\big) - C\big(D_{\varphi_{bi}}\big)\big]\Big] \qquad (6\text{-}16)$$

其中，$\delta_{s} \in [0,\ 1]$表示随着谈判的拖延，时间贴现对社会力量收益的影响。与式（6-2）的含义类似，$V\big(D_{\varphi_{bi}}\big)$和$C\big(D_{\varphi_{bi}}\big)$分别表示捐赠所得的收益和捐出物资所产生的成本。为了模型可解且不失一般性，参考 Aflaki 和 Pedraza-Martinez（2016），Toyasaki 和 Wakolbinger（2014）等人的研究，此处仅考虑定向捐赠物资对捐助者产生的心理收益 $\mathrm{E}\big[V\big(D_{\varphi_{bi}}\big)\big] = \bar{P}_{e}\varphi_{bi}rD_{\varphi_{bi}}$。社会力量捐助物资所产生的成本 $\mathrm{E}\big[C\big(D_{\varphi_{bi}}\big)\big]$为对捐助物资总量 $D_{\varphi_{bi}}$ 的凸函数（$C\big(D_{\varphi_{bi}}\big)' > 0$，$C\big(D_{\varphi_{bi}}\big)'' > 0$），参考 Toyasaki 和 Wakolbinger（2014），$C\big(D_{\varphi_{bi}}\big) = \dfrac{1}{2}c_{GF}D_{\varphi_{bi}}^{2}$，其中，$c_{GF}$为捐赠物资的成本系数。因此，式（6-16）可以改写为：

$$\mathrm{E}\Big[U_{SF}^{t}\big(\varphi_{bi},\ D_{\varphi_{bi}}\big)\Big] = \delta_{s}^{t}\Big(\bar{P}_{e}\varphi_{bi}rD_{\varphi_{bi}} - \frac{1}{2}c_{GF}D_{\varphi_{bi}}^{2}\Big) \qquad (6\text{-}17)$$

### 6.3.2 定向募捐动态谈判情境下的均衡解

在政府救灾部门与社会力量之间的定向募捐谈判中，政府与社会力量需要先就定向捐赠比例进行谈判，达成一致后社会力量决定捐赠数量。这与传统的动态谈判中谈判双方往往就已确定的利益进行谈判有着很明显的不同。换言之，双方谈判需要确定的是定向捐赠的比例，该比例影响着双方在灾害救援中的最终收益，而双方的收益多少又影响着定向捐赠比例的确定，即谈判的比例内生地决定着待分割"馅饼"的大小。但是，这并不影响动态谈判的均衡条件。本节仍然使用经典动态谈判中均衡条件的定义对定向募捐谈判问题进行求解，即当报价方给出某一报价时，对于价格接受方来说，接受该报价的收益与下一轮己方报价被接受的收益相同；而对于当前的报价方来说，在下一轮接受对方报价所获得的收益与再下一轮己方报价被接受的收益相同，这样的报价 $\varphi_{bi}^*$ 即为该谈判的均衡报价。考虑到存在政府救灾部门先报价和社会力量先报价两种情况，该均衡条件可由式（6-18）和式（6-19）表达。

当政府救灾部门先报价时，

$$
\begin{cases}
\mathrm{E}\left[U_{SF}^{(t)}\left(\varphi_{bg}^*,\ D_{\varphi_{bg}}\right)\right] = \mathrm{E}\left[\delta_s U_{SF}^{(t+1)}\left(\varphi_{bs}^*,\ D_{\varphi_{bs}}\right)\right] \\
\mathrm{E}\left[\delta_g U_{GF}^{(t)}\left(\varphi_{bs}^*,\ D_{\varphi_{bs}}\right)\right] = \mathrm{E}\left[\delta_g^2 U_{GF}^{(t+1)}\left(\varphi_{bg}^*,\ D_{\varphi_{bg}}\right)\right]
\end{cases}
\tag{6-18}
$$

当社会力量先报价时，

$$
\begin{cases}
\mathrm{E}\left[U_{GF}^{(t)}\left(\varphi_{bs}^*,\ D_{\varphi_{bs}}\right)\right] = \mathrm{E}\left[\delta_g U_{GF}^{(t+1)}\left(\varphi_{bg}^*,\ D_{\varphi_{bg}}\right)\right] \\
\mathrm{E}\left[\delta_s U_{SF}^{(t+1)}\left(\varphi_{bg}^*,\ D_{\varphi_{bg}}\right)\right] = \mathrm{E}\left[\delta_s^2 U_{SF}^{(t+2)}\left(\varphi_{bs}^*,\ D_{\varphi_{bs}}\right)\right]
\end{cases}
\tag{6-19}
$$

在考虑社会力量特殊的救灾诉求的背景下，政府救灾部门与社会力量之间通过谈判协商确定定向捐赠物资所占比例，然后，社会力量再根据双方谈判确定的比例决定捐赠数量。此处，政府救灾部门与社会力量之间构成了比较特殊的动态博弈。其中第一阶段不再有确定的先动方，而是由双方谈判确定决策结果。对此，依然使用逆向归纳法进行求解，将双方通过谈判所确定的定向捐赠物资比例 $\varphi_{bi}$ 视为固定参数，对社会力量的最优捐赠量 $D_{\varphi_{bi}}$ 进行求解，再对双方谈判所确定的 $\varphi_{bi}$ 进行求解，而后回代入社会力量决策 $D_{\varphi_{bi}}$ 中得出各个决策变量的参数表达形式。

由式（6-17）可得，在社会力量当期对捐助量进行决策的过程中，令 $\dfrac{\partial \mathrm{E}\left[U_{SF}^t\left(\varphi_{bi},\ D_{\varphi_{bi}}\right)\right]}{\partial D_{\varphi_{bi}}} = 0$，

$$D_{\varphi_{bi}} = \frac{\bar{P}_e \varphi_{bi} r}{c_{GF}} \tag{6-20}$$

与式（6-4）所示情况类似，社会力量的捐赠量是对政府救灾部门定向捐赠物资操作效率期望 $\bar{P}_e$、可接受的定向捐赠物资的比例 $\varphi_{bi}$ 和单位捐赠量为社会力量带来的心理收益系数 $r$ 的增函数，是对单位捐赠物资成本系数 $c_{GF}$ 的减函数。

将 $D_{\varphi_{bi}} = \dfrac{\bar{P}_e \varphi_{bi} r}{c_{GF}}$ 代入式（6-15）和式（6-17），并结合式（6-18）和式（6-19）中的平稳性条件进行求解可以得出当政府救灾部门先报价和社会力量先报价的动态谈判均衡解分别如式（6-21）和式（6-22）所示：

$$\varphi_{bg}^* = \frac{P_n\left(\sqrt{\delta_s} - \delta_g \delta_s\right)}{\left(P_n - P_e\right)\left(1 - \delta_g \delta_s\right)}, \ 0 \leqslant \varphi_{bg}^* \leqslant 1 \tag{6-21}$$

$$\varphi_{bs}^* = \frac{P_n\left(1 - \delta_g \sqrt{\delta_s}\right)}{\left(P_n - P_e\right)\left(1 - \delta_g \delta_s\right)}, \ 0 \leqslant \varphi_{bs}^* \leqslant 1 \tag{6-22}$$

**结论6-6：** 政府救灾部门先报价时所能接受的定向捐赠物资比例总是低于社会力量先报价时所要求的定向捐赠物资比例。

通过对式（6-21）和式（6-22）进行对比分析可以发现，在定向捐赠物资比例的动态谈判中，当政府救灾部门先报价时，其可接受的定向捐赠物资的比例总是低于社会力量报价时的比例。究其原因，定向捐赠的比例既可以对社会力量的捐助意愿产生正面影响从而使政府得到更多的募捐物资，又会对政府部门对单位救灾物资的平均操作效率产生负面影响。因此，政府不仅要考虑时间贴现的问题，更需要在两种影响下做出权衡，以提出均衡报价，并非为募捐到更多的物资而盲目地提高可接受的定向捐赠的比例。

将式（6-21）和式（6-22）分别代入式（6-19），可得出在动态谈判的背景下，社会力量在政府救灾部门先报价和自身先报价时的最优捐助量分别如式（6-23）和式（6-24）所示：

$$
D_{\varphi_{bg}}^* = \begin{cases} \dfrac{P_n \bar{P}_e r\left(\sqrt{\delta_s} - \delta_g \delta_s\right)}{c_{GF}\left(P_n - P_e\right)\left(1 - \delta_g \delta_s\right)}, & \dfrac{P_n}{P_n - P_e} < \dfrac{\sqrt{\delta_s} - \delta_g \delta_s}{1 - \delta_g \delta_s} \\[4mm] \dfrac{\bar{P}_e r}{c_{GF}}, & \dfrac{P_n}{P_n - P_e} \geq \dfrac{\sqrt{\delta_s} - \delta_g \delta_s}{1 - \delta_g \delta_s} \end{cases} \tag{6-23}
$$

$$
D_{\varphi_{bs}}^* = \begin{cases} \dfrac{P_n \bar{P}_e r\left(1 - \delta_g \sqrt{\delta_s}\right)}{c_{GF}\left(P_n - P_e\right)\left(1 - \delta_g \delta_s\right)}, & \dfrac{P_n}{P_n - P_e} < \dfrac{1 - \delta_g \sqrt{\delta_s}}{1 - \delta_g \delta_s} \\[4mm] \dfrac{\bar{P}_e r}{c_{GF}}, & \dfrac{P_n}{P_n - P_e} \geq \dfrac{1 - \delta_g \sqrt{\delta_s}}{1 - \delta_g \delta_s} \end{cases} \tag{6-24}
$$

**结论6-7：** 当政府救灾部门对两类物资的操作效率差异较大时，政府救灾部门先报价时所能获得的物资捐助量总是低于社会力量先报价时的量。当政府救灾部门对两类物资的操作效率差异较小时，报价次序并不影响政府募捐所能获得的物资数量。

当政府救灾部门对两类物资的操作效率差异较大时，通过对式（6-23）和式（6-24）进行对比分析可以发现，在定向捐赠物资比例的动态谈判中，政府先报价时所能获得的物资捐赠量低于社会力量先报价时政府救灾部门所能获得的物资捐赠量。这意味着政府救灾部门在占据谈判优势地位时，为了确保在谈判尽快达成协议的前提下尽可能提高募捐收益，选择了牺牲可募捐到的物资数量而保证自身对募捐物资操作灵活度的做法。面对突发巨灾，相比于社会力量，更具有专业知识和技能的救灾部门对灾情有着更全面的认识，在这样的背景下，确保专业部门对物资的操作灵活度，更有利于尽快消除灾害带来的直接危害和所导致的次生危机。而当政府救灾部门对两类物资的操作效率差异较小时，政府部门接受完全的定向捐赠，报价次序并不影响政府募捐所能获得的物资数量，这是由于此时政府募捐所能接受的定向捐赠的物资比例已经为固定值，但是募捐收益仍然会随着对定向捐赠物资操作效率的改变而改变。

### 6.3.3　定向募捐动态谈判情境下的均衡收益

将式（6-23）和式（6-24）分别代入式（6-15）计算可以得出在动态谈判情境下政府救灾部门和社会力量在协商谈判情境下通过募捐所获得的救灾收益分别如式（6-25）和式（6-26）所示。

$$U_{GF}^{t\,*}\left(\varphi_{bg},\ D_{\varphi_{bg}}\right)=\begin{cases}\dfrac{P_n^2\bar{P}_e r\sqrt{\delta_s}\left(1-\delta_g\sqrt{\delta_s}\right)\left(1-\sqrt{\delta_s}\right)}{c_{GF}\left(P_n-P_e\right)\left(1-\delta_g\delta_s\right)^2}, & \dfrac{P_n}{P_n-P_e}<\dfrac{\sqrt{\delta_s}-\delta_g\delta_s}{1-\delta_g\delta_s}\\[4mm]\dfrac{P_e\bar{P}_e r}{c_{GF}}, & \dfrac{P_n}{P_n-P_e}\geqslant\dfrac{\sqrt{\delta_s}-\delta_g\delta_s}{1-\delta_g\delta_s}\end{cases} \tag{6-25}$$

$$U_{GF}^{t\,*}\left(\varphi_{bs},\ D_{\varphi_{bs}}\right)=\begin{cases}\dfrac{P_n^2\bar{P}_e r\delta_g\sqrt{\delta_s}\left(1-\delta_g\sqrt{\delta_s}\right)\left(1-\sqrt{\delta_s}\right)}{c\left(P_n-P_e\right)\left(1-\delta_g\delta_s\right)^2}, & \dfrac{P_n}{P_n-P_e}<\dfrac{\sqrt{\delta_s}-\delta_g\delta_s}{1-\delta_g\delta_s}\\[4mm]\dfrac{P_e\bar{P}_e r}{c_{GF}}, & \dfrac{P_n}{P_n-P_e}\geqslant\dfrac{\sqrt{\delta_s}-\delta_g\delta_s}{1-\delta_g\delta_s}\end{cases} \tag{6-26}$$

**结论6-8**：当政府救灾部门对两类物资的操作效率差异较大时，政府救灾部门先报价时所能获得的募捐物资收益总是高于社会力量先报价时的收益。当政府救灾部门对两类物资的操作效率差异较小时，报价次序并不影响政府所能获得的募捐收益。

当政府救灾部门对两类物资的操作效率差异较大时，分析当政府救灾部门和社会力量分别在谈判中处于优势地位率先报价时政府救灾部门的最优收益，$U_{GF}^{t\,*}\left(\varphi_{bg},\ D_{\varphi_{bg}}\right)\Big/U_{GF}^{t\,*}\left(\varphi_{bs},\ D_{\varphi_{bs}}\right)=\dfrac{1}{\delta_g}>1$，可知当政府救灾部门率先报价时，尽管其降低了可接受定向捐赠物资的比例，保证了自身在灾害救援过程中对物资操作的灵活度，但是其所获得的均衡收益却高于社会力量先报价时所能获得的均衡收益。而当政府救灾部门对两类物资的操作效率差异较小时，政府接受完全的定向捐赠，此时报价次序不再影响最终的救灾募捐收益。

将式（6-23）和式（6-24）分别代入式（6-19），计算可以得出在动态谈判情境下社会力量在政府救灾部门先报价和自身先报价两种情境的均衡收益分别如式（6-27）和式（6-28）所示：

$$U_{SF}^{*}\left(\varphi_{bg},\ D_{\varphi_{bg}}\right) = \begin{cases} \dfrac{P_n^{\ 2}\bar{P}_e^{\ 2}r^2\left(\sqrt{\delta_s} - \delta_g\delta_s\right)^2}{2c_{GF}\left(P_n - P_e\right)^2\left(1 - \delta_g\delta_s\right)^2}, & \dfrac{P_n}{P_n - P_e} < \dfrac{\sqrt{\delta_s} - \delta_g\delta_s}{1 - \delta_g\delta_s} \\[4mm] \dfrac{r\bar{P}_e^{\ 2}}{2c_{GF}}, & \dfrac{P_n}{P_n - P_e} \geq \dfrac{\sqrt{\delta_s} - \delta_g\delta_s}{1 - \delta_g\delta_s} \end{cases} \quad (6\text{-}27)$$

$$U_{SF}^{*}\left(\varphi_{bs},\ D_{\varphi_{bs}}\right) = \begin{cases} \dfrac{P_n^{2}\bar{P}_e^{2}r^2\left(1 - \delta_g\sqrt{\delta_s}\right)^2}{2c_{GF}\left(P_n - P_e\right)^2\left(1 - \delta_g\delta_s\right)^2}, & \dfrac{P_n}{P_n - P_e} < \dfrac{1 - \delta_g\sqrt{\delta_s}}{1 - \delta_g\delta_s} \\[4mm] \dfrac{r\bar{P}_e^{2}}{2c_{GF}}, & \dfrac{P_n}{P_n - P_e} \geq \dfrac{1 - \delta_g\sqrt{\delta_s}}{1 - \delta_g\delta_s} \end{cases} \quad (6\text{-}28)$$

**结论6-9**：当政府救灾部门对两类物资的操作效率差异较大时，社会力量先报价时所能获得的捐赠收益总是高于政府救灾部门先报价时的收益。当政府救灾部门对两类物资的操作效率差异较小时，报价次序并不影响社会力量所能获得的收益。

当政府救灾部门对两类物资的操作效率差异较大时，分析当政府救灾部门和社会力量分别在谈判中处于优势地位率先报价时社会力量的最优收益，即 $U_s^{*}\left(\beta_{bg},\ D_{\beta_{bg}}\right) \Big/ U_s^{*}\left(\beta_{bs},\ D_{\beta_{bs}}\right) = \sqrt{\delta_s} < 1$，由此可知当政府救灾部门处于优势地位率先报价时，社会力量的最优捐赠收益总是低于其自身率先报价时的最优捐赠收益。当政府救灾部门对两类物资的操作效率差异较小时，政府可接受的定向捐赠比例固定，报价次序并不影响社会力量所能获得的收益。

### 6.3.4　救灾部门单方决策与双方谈判确定定向捐赠比例的模式比较

6.2 节和本节分别探讨了政府单方决策和政府救灾部门与社会力量动态谈判两种情境下，救灾募捐问题中的定向捐赠物资比例的确定和社会力量的最优捐赠量，以及相应的影响因素。更进一步地，在我国政府主导的灾害救援模式下，政府救灾部门作为灾害救援的主体，可以先行决定是否与社会力量先展开谈判以确定定向捐赠的物资比例。在此背景下，单独决策和开展谈判成为政府部门在募捐活动开始前的决策，此处定义政府救灾部门关于救灾物资募捐模式的决策集合为 $J = \{S_d, S_b\}$，其中 $S_d$ 表示政府救灾部门采取单方决策策略，即在对各方面救灾因素进行分析评判后，直接决定可接受的定向捐赠物资比例；$S_b$ 表示政府救灾部门与社会力量之间展开谈判，通过双方的协商确定可接受的定向捐赠物资比例。通过本节的分析我们可以知道，在谈判模式下，政府救灾部门率先报价时其自身和社会力量的最优收益总是低于社会力量率先报价时的最优收益，因此本节主要对政府单方决策模式和社会力量率先报价的谈判模式进行分析讨论。

由上文分析可知，当社会力量先报价时其所获得的收益总是高于政府部门先报价时所能获得的收益，所以本节仅将社会力量先报价时的收益与政府部门单方决策时的收益相比较。由于两种模式达到极大值时的边界解是相同的，所以本节仅对内点解进行比较。

首先分析社会力量在两种不同情境下的收益，分析式（6-14）和式（6-28）可得结论如下。

**结论 6-10：**当 $\dfrac{1 - \delta_g \delta_s}{2\left(1 - \delta_g \sqrt{\delta_s}\right)} < 1$ 时，在双方谈判的模式下，社会力量可以获得更高的捐赠收益。

分析式（6-14）和式（6-28）中内点解的情况可知，政府和社会力量的时间偏好、政府对定向捐赠物资的操作效率，以及社会力量对定向捐赠物资操作效率的期望共同影响着社会力量的收益。当

$$\frac{1-\delta_g\delta_s}{2\left(1-\delta_g\sqrt{\delta_s}\right)}>1$$

时，在政府救灾部门直接决策模式下，社会力量可以获得更高的捐赠收益。当 $\dfrac{1-\delta_g\delta_s}{2\left(1-\delta_g\sqrt{\delta_s}\right)}<1$ 时，在双方协商谈判的

模式下，社会力量可以获得更高的捐赠收益。该临界值对 $\delta_g$ 求导大于零，说明政府的时间偏好越大、耐心程度越高，社会力量越难以从谈判模式中获得较高的收益。该临界值对 $\delta_s$ 求导，其正负号取决于 $1-2\sqrt{\delta_s}+\delta_g\delta_s$，当 $1-2\sqrt{\delta_s}+\delta_g\delta_s>0$ 时，社会力量的时间偏好越大，意味着与政府部门相比，社会力量的耐心程度不够高，社会力量越难以从谈判模式中获得较高的收益。当 $1-2\sqrt{\delta_s}+\delta_g\delta_s<0$，意味着相比于政府部门，社会力量有更高的耐心程度，社会力量的时间偏好越大，社会力量越容易从谈判模式中获得较高的收益。

由上文分析可知，政府救灾部门在先报价时所获得的收益总是高于社会力量先报价时所能获得的收益，所以本节仅将政府救灾部门先报价时的收益与政府救灾部门单方决策时的收益相比较。由于两种模式达到极大值时的边界解是相同的，所以本节仅对内点解进行比较。分析式（6-7）和式（6-25）可得结论如下。

结论6-11：当 $\dfrac{4\sqrt{\delta_s}\left(1-\delta_g\sqrt{\delta_s}\right)\left(1-\sqrt{\delta_s}\right)}{\left(1-\delta_g\delta_s\right)^2}<1$ 时，双方谈判模式

下，政府救灾部门可以获得更高的捐赠收益。

分析式（6-7）和式（6-25），政府救灾部门在单独决策和双方

谈判协商情境下的最优收益比值为 $\dfrac{4\sqrt{\delta_s}\left(1-\delta_g\sqrt{\delta_s}\right)\left(1-\sqrt{\delta_s}\right)}{\left(1-\delta_g\delta_s\right)^2}$。当

$$\frac{4\sqrt{\delta_s}\left(1-\delta_g\sqrt{\delta_s}\right)\left(1-\sqrt{\delta_s}\right)}{\left(1-\delta_g\delta_s\right)^2}>1$$ 时，政府救灾部门应该选择单方决策

的 模 式 以 确 定 可 接 受 的 定 向 捐 赠 的 物 资 比 例 。 当

$$\frac{4\sqrt{\delta_s}\left(1-\delta_g\sqrt{\delta_s}\right)\left(1-\sqrt{\delta_s}\right)}{\left(1-\delta_g\delta_s\right)^2}<1$$ 时，政府救灾部门应该通过与社会力

量协商谈判的模式来确定可接受的定向捐赠的物资比例。由于该解析
表达式过于复杂，接下来将通过数值分析的方法更进一步探讨政府救
灾部门对不同物资的操作效率和双方的时间偏好等因素对政府模式选
择的影响。

## 6.4 数值分析

灾害具有的突发性、不可重复性等特征，导致公开数据资料匮
乏，同时灾害救援的情境依赖性使救援事后访谈难以重现。尤其是在
我国政府部门主导下的募捐问题中，政府对单位捐赠物资的操作效
率、社会力量捐赠单位物资所得的心理收益，以及双方的时间偏好等
影响因素难以直接量化。现有研究针对灾害管理问题普遍采用数理建
模求解并辅以数值分析的方法进行验证（Vanajakumari, Kumar, and
Gupta, 2016; Aflaki and Pedraza-Martinez, 2016; 林琪、赵秋红、倪
冬梅, 2018）。本节对影响结论较大且难以观测或量化的变量进行敏
感性分析，以便更加直观地呈现关键参数的影响结果。

### 6.4.1 社会力量捐赠收益的数值分析

本节重点分析政府救灾部门对定向捐赠物资的操作效率对社会力量捐赠收益的影响。结合式（6-8）（6-14）（6-27）（6-28），参考Aflaki和Pedraza-Martinez（2016）、Feng、Lai和Lu（2015）等人的参数取值，设 $P_n = 0.8$，$r = 0.8$，$c_{GF} = 0.8$，$\delta_g = \delta_s = 0.7$。假设社会力量对政府救灾部门对定向捐赠物资的操作效率的期望总是小于真实值，$\bar{P}_e = P_e - 0.1$，分析结果如图6-4所示。

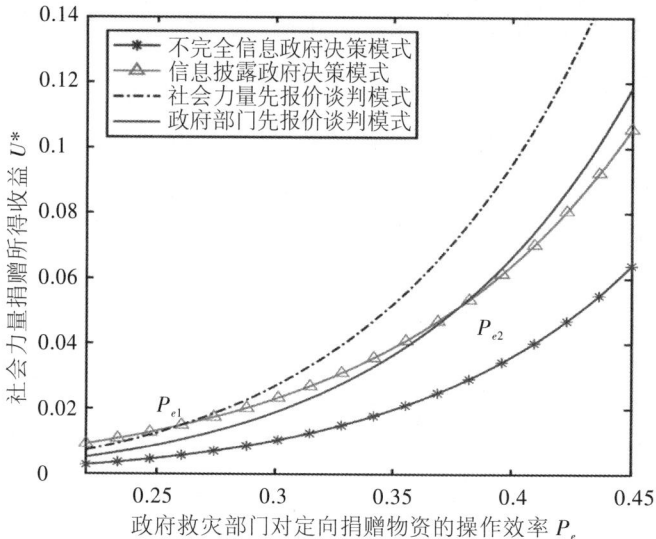

**图6-4 定向捐赠物资操作效率对社会力量捐赠收益的敏感性分析**

**观察6-1：** 当政府救灾部门对单位定向捐赠物资的操作效率处于较低水平时，在政府救灾部门进行信息披露的模式下，社会力量获得的收益较高。随着救灾部门对单位定向捐赠物资的操作效率的提高，谈判模式下社会力量的收益逐渐高于政府信息披露模式下社会力量的收益。

如图6-4所示，社会力量先报价模式下社会力量通过捐赠获得的救灾收益最高，不完全信息政府独自决策模式下社会力量的收益最低。这表明，政府独自决策模式下，社会力量的救灾诉求并没有得到很好的解决，社会力量的捐赠收益并不理想。而考虑社会力量诉求的谈判模式在极大程度上提高了社会力量的捐赠收益，该收益提升的幅度随着政府救灾部门对定向捐赠物资操作效率的提升而提升。而政府进行信息披露的模式下社会力量的收益是否获得提升取决于政府救灾部门对定向捐赠物资的操作效率。当政府对定向捐赠物资的操作效率较低时，$P_e < P_{e1}$，此时政府部门进行信息披露，社会力量的捐赠收益最高。而随着政府部门对定向捐赠物资操作效率的提高，$P_e > P_{e2}$，也就是社会力量对定向捐赠物资操作效率的期望与真实情况相差较小时，政府进行信息披露模式下社会力量所能获得的收益逐渐降低，最终低于谈判模式下的收益。这说明政府救灾部门通过信息披露打破信息不完全状态对社会力量决策的隔阂，所带来的收益增量的涨幅，要低于通过谈判模式所带来的收益增量的涨幅。

### 6.4.2　政府救灾部门募捐收益的数值分析

进一步地，结合图6-4所反映出的政府救灾部门对定向捐赠物资操作效率对定向捐赠物资所占比例、总体募捐物资数量的影响，本节重点分析政府救灾部门对定向捐赠物资的操作效率对社会力量捐赠收益的影响。结合式（6-7）（6-13）（6-25）（6-26），参考 Aflaki 和 Pedraza-Martinez（2016），Feng、Lai 和 Lu（2015）等人的参数取值，相关参数设定与上节相同，假设政府部门进行信息披露的成本 $C_{GI} = 0.01$，分析结果如图6-5所示。

观察6-2：与社会力量收益的变化情境不同，对于政府部门来说，通过信息披露打破信息不完全状态所带来的收益，随着对定向捐赠物资的操作效率提高增速较快，当政府部门对定向捐赠物资操作效率足够高时，进行信息披露是政府救灾部门的最优决策。

如图6-5所示，在本数值情境下，政府部门通过谈判所获得的募捐救灾收益低于单方决策时所获得的募捐收益，并且对政府部门来说，自身先报价所获得的收益严格高于社会力量先报价时所获得的收益，在谈判过程中先动优势仍然成立。但是，与对社会力量分析不

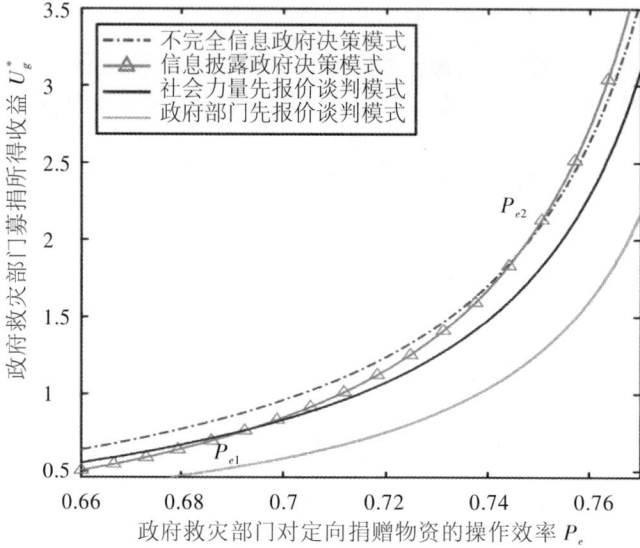

**图6-5  定向捐赠物资操作效率对政府部门捐赠收益的敏感性分析**

同的是，政府部门通过信息披露打破信息不对称状态所获得的收益增量，随着对定向捐赠物资操作效率提升而快速提升。当政府部门对定向捐赠物资操作效率处于较低水平时（$P_e < P_{e1}$），政府部门采用信息披露策略所获得的收益较小，小于政府部门先报价的谈判模式下的收益，也小于不完全信息下政府单独决策时的收益，随着政府对物资操作效率的提升，政府部门信息披露策略下的收益逐渐增高，当 $P_e > P_{e2}$ 时，政府部门进行信息披露成为占优策略。对政府部门来说，社会力量对定向捐赠物资操作效率的期望差值百分比与实际效率越接近、政府部门对定向捐赠物资操作效率越高，政府进行信息披露所获

得的收益增量就越大。

## 6.5 本章小结

    政府主导下的灾害救援社会募捐问题中，作为捐赠方的社会力量自身有着独特的诉求。这种诉求往往通过指明捐赠受益对象、指明捐助所用项目等方式体现。而定向捐赠的物资一方面可以提高社会力量的捐助积极性，另一方面又会导致政府救灾部门在对该种物资的调度使用过程中产生额外的人力物力投入而降低操作效率。所以政府部门在提高可接受的定向捐赠物资比例以获取更多的募捐物资和降低可接受的定向捐赠物资比例以提高平均物资操作效率之间面临着权衡。除此之外，由于灾害的复杂性和不确定性，尽管社会力量可以观察到往期政府部门在灾害救援中对物资的操作效率，但是却无法得知当期政府部门在救灾过程中对物资的操作效率具体情况，这也影响到了社会力量的捐助决策。而对政府部门来说，如果按照传统的决策模式，即在物资操作效率信息不完全背景下通过单独决定定向捐赠物资的比例，会面临着社会诉求难以实现和信息不完全的双重阻碍。对此，政府部门可以考虑两种解决方案：一是主动进行信息披露，告知社会力量当期政府救灾的工作计划和人员设备情况，破除信息屏障；二是可以通过与社会力量谈判协商的方式，共同确定定向捐赠物资的比例。本章比较了不同情境下，政府在不同决策模式下可募捐到的救灾物资量，以及双方各自的收益。

    本章首先对政府部门在不完全信息下单独决定定向募捐比例的基本情境进行分析，并进一步研究了单独决定下的信息披露模式的时机，然后分析了政府救灾部门与社会力量谈判协商两种模式的决策效果。研究发现，在不完全信息政府单独决策模式下，当政府对两类物资操作效率相差较小时，完全接受定向捐赠的救灾效果最佳。当差异较大时，政府的募捐收益与两类物资操作效率都成正比关系；当政府主动进行信息披露的成本满足一定条件时，开启信息披露可以提高政府募捐的救灾效果，该成本临界值与政府部门对定向捐赠和非定向捐赠物资的操作效率成正比，与社会力量对定向捐赠物资操作效率的期望成反比。而政府部门是否需要通过谈判决定定向捐赠物资的比例，则取决于双方的时间偏好。而在谈判模式下，当政府救灾部门对两类物资的操作效率较为接近时，报价顺序不影响最终的募捐效果；相比于单独决策模式，政府部门是否开启谈判取决于双方的时间偏好。

本章研究虽然在政府救灾部门募捐模式的选择，以及最终可接受的定向捐赠比例等方面，为现阶段政府救灾社会募捐问题优化了实施路径，但还在问题设置、博弈研究等环节存在一定不足。首先，随着未来自然环境的变化以及人类社会的潜在冲突愈演愈烈，灾害的暴发和演化的不确定性逐渐增强，救灾物资需求的不确定性也随之增强，考虑救灾物资需求的不确定性对政府部门救灾募捐问题的策略选择有何影响，是在将来可以进一步深入讨论的问题。其次，社会力量本身对于灾害捐赠问题具有一定的异质性，如社会责任感、财富水平等因素都会影响其捐赠决策，因此在未来考虑社会力量的异质性也必将成为下一阶段的研究内容。最后，本章研究了政府部门主动进行信息披露和开启谈判两种模式，与不完全信息下政府单方决策的收益对比，分析了不同策略的适用条件，在未来可以考虑运用信息传递的思想解决不完全信息对政府募捐救灾的影响。

7

# 结论与展望

近年来，气候变暖、海平面升高等自然因素不稳定性增加；伴随着新技术、新材料大量涌现，技术风险也随之日益加剧；随着城镇化、工业化的推进，我国城市群发展迅猛，承灾体的暴露度和集中度也大大增加。以上因素给灾害管理部门的防灾减灾工作带来了严峻的考验。国务院印发的《"十四五"国家应急体系规划》（国发〔2021〕36号）对"十四五"时期我国安全生产、防灾减灾救灾等工作进行全面部署，规划提出我国应急管理体系的基本原则是坚持党的领导、发挥党的政治优势和组织优势，并且密切联系群众。在我国"政府主导—社会参与"的灾害管理模式下，政府与社会两个渠道的救灾资金，也就成为开展一切防灾、备灾、减灾和抗灾活动的根本保障。然而，由于在实际管理过程中，上级政府部门与基层公务人员之间、政府部门与社会力量之间都存在着不同程度的信息不对称问题，这给政府主导情境下的救灾资金管理问题提出了新的挑战。

为充分发挥我国灾害管理模式中政府主导的优越性，进一步激发社会力量的参与意愿，本书基于救灾资金筹发问题的管理特征，在相关研究基础上，分析了政府与社会两个渠道救灾资金筹集和使用过程中所面临的重要问题，并提出了四个管理问题，分别是在政府救灾资金分拨前如何做好灾情核查工作，防止资金被骗取；在政府救灾资金分拨后如何做好救灾监督工作，防止资金被截留、挪用；在社会救灾资金筹资前如何发布募捐策略，以避免个别渎职基层公务人员伺机敛财；在社会募捐信息发布后，如何分配社会渠道救灾资金使用权限以进一步激发社会力量捐助意愿。在此基础上求出了理论解，分析了理论解的管理含义，并使用数值分析的方法对研究结果进行验证。

## 7.1 结论

第一，在政府渠道救灾资金投入阶段，上级政府在核查过程中受制于人员专业水平、设备检测能力和核查期限等因素，短时间内无法提升灾情核查能力，这给个别渎职基层公务人员提供了瞒报谎报灾情的可乘之机，导致政府渠道救灾资金在筹集环节面临被骗取的风险。第3章通过假设上级政府对于自身核查能力和核查策略具有私人信息，将公布的核查策略作为信号，灾区基层公务人员根据观察到的核查信号决定是否准确报送灾情，建立了两级政府间灾情核查的多阶段信号博弈模型，得出贝叶斯纳什均衡解。研究结果表明：个别渎职基层公务人员谎报行为受到预期成本、收益，以及上级政府的核查能力等因素影响，在一定信号成本范围内，上级政府采取"释放高压强信号"策略可以在降低工作成本的同时迫使基层公务人员实报灾情。在多阶段模型中，当基层公务人员的贴现率较高时，上级政府采取"先强后弱"的核查策略更有利于减少基层公务人员瞒报谎报行为。

第二，在政府渠道救灾资金的使用阶段，部分自利型的基层公务人员具有截留、挪用救灾资金的不良动机。第4章通过假设基层公务人员对自身的公务人员类型具有私人信息，将救灾信息披露质量作为信号，上级政府根据观察到的信息披露质量信号决定监督策略，建立了两级政府之间救灾监督的信息甄别模型，并分析对比了是否引入信息披露激励机制的两种模式，给出了上级政府实现信息甄别的均衡路径。研究表明：在不引入信息披露激励机制的背景下，非自利型基层公务人员没有进行高质量信息披露的动机，两类基层公务人员陷入共同发送低质量信息披露信号的恶性混同均衡。在引入信息披露激励机制后，上级政府可以通过调节信息披露激励系数实现信息甄别，进而实现针对性的监督策略选取，在节约办公资源的同时，实现政府渠道救灾资金的监督，但是，该信息披露的激励力度并非越大越好。

第三，在社会渠道救灾资金筹集初期，社会力量并不知晓灾害导致的实际损失。在此背景下，灾区政府部门在灾害救援的过程中如何向社会公众传达出真实可靠的灾情信息和募捐需求，从而更好地引导和动员社会力量积极参与到灾害救援过程中，是我国推进灾害救援体制机制改革所面临的一个关键性问题。第5章建立了救灾部门面向社会力量募捐的两阶段信号博弈模型，分别得出分离均衡和混同均衡。研究表明：在完全信息下政府的最优募捐策略会受到其对募捐物资总需求量的影响。在灾情信息不充分的情况下，重灾区政府应采取谨慎的募捐原则，减少募捐物资数量并提高质量规格，作为新的信号实现信息传递，进而向公众传达真实的受灾信息，获得更好的募捐效果。

第四，在社会渠道救灾资金使用权限分配问题中，政府部门面临着物资操作效率信息不对称背景下，提高定向捐赠比例以筹得更多物资和降低定向捐赠比例以保证物资操作效率的权衡。第6章首先建立了不完全信息下政府单方决策的序贯博弈模型，并分析了政府部门主动进行信息披露的决策条件；随后建立了政府与社会力量之间轮流报价的动态谈判模型，并比较了动态谈判模式和单方决策模式的适用条件。研究发现，在不完全信息政府单独决策模式下，当政府对两类物资操作效率相差较小时，完全接受定向捐赠的救灾效果最佳。政府部门是否应该开启信息披露则取决于信息披露的成本。而政府部门是否需要通过谈判决定定向捐赠物资的比例，则取决于双方的时间偏好。

## 7.2 展望

本书对政府与社会两种渠道的救灾资金的筹集和使用问题进行了博弈分析，但是本书的研究仍然存在着一定的局限性，为了丰富本书的应用价值和管理内涵，未来可以在以下几个方面进行进一步的深入探讨。

第一，本书主要关注各级政府之间、政府与社会之间在灾害救援过程中存在着诸多信息不对称的背景下，两种渠道救灾资金的管理问题。然而，当前随着大数据、云计算和区块链等新技术的推广和应用，政府之间的办公信息将更加透明，政府与社会之间的信息披露效率也将大幅提高，随着新技术的推广应用，本书所关注的信息不对称问题在未来有着可以在很大程度上得到缓解的趋势。但是，新技术的推广必然伴随着高额的成本，以及随之衍生而来的隐私问题，因此，承担高额成本应用新技术打破技术壁垒和维持现状通过策略调整提高信息不对称背景下的工作效率二者之间的权衡，是未来可以进一步探讨的问题。

第二，市场机制在灾害管理问题中也具有较大的潜力。国家金融监管总局、各省农信系统、各保险公司所构成的金融系统在风险防范、损失补偿、恢复重建等方面也承担着重要的责任。如何规范市场机制在灾害救援过程中切实管理、如何优化保险机制的理赔设置以激发巨灾保险的参保积极性，以及如何创新金融机构的工作方式，鼓励新技术的应用以提高工作效率等市场机制在灾害救援问题中的管理细节，可以在未来的研究中进行深入探讨。

第三，本书并没有考虑各个灾害管理参与方的异质性问题。实际上，无论是负责统筹兼顾的上级政府部门，负责一线救援的基层公务人员，还是具有慈善动机的社会力量，各个参与方在风险偏好程度，以及其他影响决策的特征因素上都可能存在诸多差异。个体差异程度的不同可能会给实际的决策效果带来更为严重的影响。在未来的研究中，可以进一步分析个体异质性对本研究结论的影响，以进一步丰富本研究的应用场景。

附录

# 复杂结论证明

## 附录A：结论4-1、推论4-1的证明

由于在无信息披露激励机制下，非自利型基层公务人员没有进行高质量信息披露的动机，所以在无信息披露激励机制下仅可能存在两种信息披露的均衡模式：自利型和非自利型基层公务人员都进行低质量信息披露的混同均衡模式 $\{LT，LT\}$；自利型基层公务人员进行高质量信息披露而非自利型基层公务人员进行低质量信息披露的分离均衡模式 $\{HT，LT\}$。

### 结论4-1证明

首先分析分离均衡模式 $\{HT，LT\}$。在该分离均衡模式下，自利型基层公务人员进行高质量信息披露，非自利型基层公务人员进行低质量信息披露，上级政府部门可根据信息披露的质量识别基层公务人员的类型，对进行高质量信息披露的基层公务人员进行高强度监督，对进行低质量信息披露的基层公务人员进行一般强度的监督。此时，自利型基层公务人员进行高质量信息披露的期望收益为：

$$U_{SI}^{PV}\left(HT，e_{HV}^{SI}，p_{SI}^{*}；\ HV\right) = Y_L + \alpha_{SI}e_{HV}^{SI} - \frac{1}{2}c_{SU}\left(e_{HV}^{SI}\right)^2 - H_{SI} - L_L \tag{A-1}$$

如果自利型基层公务人员模仿非自利型基层公务人员的信息披露策略，转而进行低质量信息披露混淆视听，则上级政府无法根据信息披露质量实现信息甄别，根据信念更新的直观准则，上级政府监督部门对低质量信息披露仍然采取一般强度的监督措施，此时自利型基层公务人员单方偏离后的收益为：

$$U_{SI}^{PV}\left(LT，e_{LV}^{SI}，p_{SI}^{*}；\ LV\right) = Y_L + \alpha_{SI}e_{LV}^{SI} - \frac{1}{2}c_{SU}\left(e_{LV}^{SI}\right)^2 \tag{A-2}$$

（A-2）与（A-1）两式相减得 $H_{SI} + L_L > 0$，此时自利型基层公务

人员通过单方偏离提高了收益，$\{HT，LT\}$ 的分离均衡是不稳定的。

证毕。

**推论4-1证明**

分析两类基层公务人员都进行低质量信息披露的混同均衡 $\{LT，LT\}$，此时上级政府部门进行高强度监督和一般强度监督的期望收益分别为：

$$\mathrm{E}\left[U_I^{PV}\left(HV,\ p_{SI}^*；\ LT,\ e\right)\right]=\frac{p_{SI}\gamma}{c_{SU}}\left(a_{SI}-\alpha_{NSI}\right)+p_{SI}\left(SR-Y_S\right)+\gamma\frac{\alpha_{NSI}}{c_{SU}}-C_{LT} \quad (\mathrm{A}-3)$$

$$\mathrm{E}\left[U_I^{PV}\left(LV,\ p_{SI}^*；\ LT,\ e\right)\right]=\gamma\frac{\alpha_{NSI}}{c_{SU}}-p_{SI}Y_S+\frac{p_{SI}\gamma}{c_{SU}}\left(a_{SI}-\alpha_{NSI}\right) \quad (\mathrm{A}-4)$$

$$\mathrm{E}\left[U_I^{PV}\left(HV,\ p_{SI}^*；\ LT,\ e\right)\right]-\mathrm{E}\left[U_I^{PV}\left(LV,\ p_{SI}^*；\ LT,\ e\right)\right]=p_{SI}SR-C_{LT} \quad (\mathrm{A}-5)$$

当 $p_{SI}>\dfrac{C_{LT}}{SR}$ 时，上级政府采取强监督措施，$p_{SI}<\dfrac{C_{LT}}{SR}$ 时，上级政府采取一般强度的监督措施。

当上级政府采取强监督措施时，自利型基层公务人员进行低质量信息披露的收益为：

$$U_{SI}^{PV}\left(LT,\ e_{HV}^{SI},\ p_{SI}^*；\ HV\right)=Y_L+\alpha_{SI}e_{HV}^{SI}-\frac{1}{2}c_{SU}\left(e_{HV}^{SI}\right)^2-L_L-L_T \quad (\mathrm{A}-6)$$

当上级政府采取强监督措施时，自利型基层公务人员单方偏离进行高质量信息披露的收益为：

$$U_{SI}^{PV}\left(HT,\ e_{HV}^{SI},\ p_{SI}^*；\ HV\right)=Y_L+\alpha_{SI}e_{HV}^{SI}-\frac{1}{2}c_{SU}\left(e_{HV}^{SI}\right)^2-H_{SI}-L_L \quad (\mathrm{A}-7)$$

式（A-7）与式（A-6）相减结果为 $L_T-H_{SI}$，当自利型基层公务人员进行高质量信息披露的成本小于因其进行低质量信息披露被察觉时所付出的掩饰成本，即 $H_{SI}<L_T$ 时，基层公务人员受到因对低质量信息披露所导致的"罪加一等"的惩罚的震慑，将转而采取高质量信息披露，此时该混同均衡是不稳定的。

证毕。

## 附录B：政府救灾监督问题中信息披露激励机制下的均衡路径分析

由于在信息披露激励机制下，非自利型基层公务人员也有了进行高质量信息披露的动机，所以存在多种可能的信息披露的均衡模式，每一种均衡模式成立的均衡路径的计算结果如附表B-1所示。

附表B-1 信息披露激励机制之下救灾资金监督问题的均衡路径

| 均衡策略 | 均衡路径 |
|---|---|
| $\{LT，LT\}$ | $p_{SI}^* > \dfrac{C_{LT}}{SR}$, $a_{HT} < -a_{SI} + \sqrt{a_{SI}^2 + 2c_{SU}(H_{SI} - L_T)}$, $H_{SI} > L_T$, $a_{HT} < -a_{NSI} + \sqrt{a_{NSI}^2 + 2c_{SU}H_{NSI}}$ <br><br> $p_{SI}^* < \dfrac{C_{LT}}{SR}$, $a_{HT} < -a_{SI} + \sqrt{a_{SI}^2 + 2c_{SU}H_{SI}}$, $a_{HT} < -a_{NSI} + \sqrt{a_{NSI}^2 + 2c_{SU}H_{NSI}}$ |
| $\{HT，HT\}$ | $p_{SI}^* > \dfrac{C_{LT}}{SR}$, $a_{HT} > -a_{SI} + \sqrt{a_{SI}^2 + 2c_{SU}(H_{SI} - L_T)}$, $H_{SI} > L_T$, $a_{HT} > -a_{NSI} + \sqrt{a_{NSI}^2 + 2c_{SU}H_{NSI}}$; <br><br> $p_{SI}^* < \dfrac{C_{LT}}{SR}$, $a_{HT} > -a_{SI} + \sqrt{a_{SI}^2 + 2c_{SU}H_{SI}}$, $a_{HT} > -a_{NSI} + \sqrt{a_{NSI}^2 + 2c_{SU}H_{NSI}}$ |
| $\{HT，LT\}$ | $a_{HT} > -a_{SI} + \sqrt{a_{SI}^2 + 2c_{SU}(H_{SI} - L_T)}$, $H_{SI} > L_T$, $a_{HT} < -a_{NSI} + \sqrt{a_{NSI}^2 + 2c_{SU}H_{NSI}}$ <br><br> $a_{NSI} - a_{SI} < \sqrt{a_{NSI}^2 + 2c_{SU}H_{NSI}} - \sqrt{a_{SI}^2 + 2c_{SU}(H_{SI} - L_T)}$ |
| $\{LT，HT\}$ | $a_{HT} < -a_{SI} + \sqrt{a_{SI}^2 + 2c_{SU}(H_{SI} - L_T)}$, $H_{SI} > L_T$, $a_{HT} > -a_{NSI} + \sqrt{a_{NSI}^2 + 2c_{SU}H_{NSI}}$, <br><br> $a_{NSI} - a_{SI} > \sqrt{a_{NSI}^2 + 2c_{SU}H_{NSI}} - \sqrt{a_{SI}^2 + 2c_{SU}(H_{SI} - L_T)}$ |

# 附录C：结论5-1、5-2、5-3和5-4的证明

## 结论5-1证明

### 引理5.1

存在边际成本 $\bar{c}_{as} \in \left[ c_{as}, \ h \right)$，满足当 $c_{as} \leqslant \bar{c}_{as}$ 时，募捐部门在第一阶段完成全部募捐是最优决策；当 $c_{as} > \bar{c}_{as}$ 时，募捐部门不在第一阶段募捐是最优决策（Yu，Kapuscinski，and Ahn，2015）。

根据正文中的引理5.1，募捐部门在第二阶段对募捐物资质量要求受到在第一阶段募捐量 $S$ 的影响。设 $\pi(S)$ 为募捐部门募捐的净收益，假设 $S'$ 是募捐部门决定在第一阶段进行募捐时分配的最小的物资数量，$S'$ 是 $(T - S)/(N - S) = \overline{G}\left(q_2^U\right)$ 的解，$S' = \left(T - N\,\overline{G}\left(q_2^U\right)\right)/G\left(q_2^U\right)$。所以，当 $0 \leqslant S \leqslant S'$ 时，$q_2^* = q_2^U$，当 $S \geqslant S'$ 时，$q_2^* = q_2^B(S)$。

定义函数 $f^U(S)$ 和 $f^B(S)$，募捐部门募捐净收益与募捐部门第二阶段待募捐量 $T - S$ 有关，对于任意的 $S \in \left[ 0, \ \min\left(T, \ N_1\right) \right]$，

$$
\begin{aligned}
f^U(S) &= \left( \mathrm{E}\left[ \min\left(q_2^U, \ a\right)\right] - c_{as}\right)S + (N - S)\overline{G}\left(q_2^U\right)\left(q_2^U - c_{as}\right) \\
&= \frac{1}{N}\left[ \pi^U\left(N_1\right) - \pi^U(0)\right]S + N\,\overline{G}\left(q_2^U\right)\left(q_2^U - c_{as}\right)
\end{aligned} \tag{C-1}
$$

$$
f^B(S) = \left( \mathrm{E}\left[ \min\left(q_2^B(S), \ a\right)\right] - c_{as}\right)S + (T - S)\left(q_2^B(S) - c_{as}\right) \tag{C-2}
$$

$$
\pi^*(S) = \begin{cases} f^U(S) \text{当} S \leqslant S' \text{且} S \in \left[ 0, \ \min\left(T, \ N_1\right)\right] \\ f^B(S) \text{当} S \geqslant S' \text{且} S \in \left[ 0, \ \min\left(T, \ N_1\right)\right] \end{cases} \tag{C-3}
$$

设 $T_1 = N\,\overline{G}\left(q_2^U\left(\bar{c}_{as}\right)\right)$，$T' = N_1 + N_2\overline{G}\left(q_2^U\left(\bar{c}_{as}\right)\right)$，$\bar{c}_{as}$ 已在引理5.1中定义。

函数 $f^B(S)$ 有如下性质：① $f^B(S)$ 是拟凹函数，在 $[0, \min(T, N_1)]$ 上有唯一的最优解 $S^B$。② $S^B$ 对于 T 非递减，与 $c_{as}$ 独立。③ 当 $0 < T \leqslant T_1$ 时，$S^B = 0$。④ 存在，当 $T_1 < T < T_2$，$0 < S^B < \min(T, N_1)$。当 $T_2 \leqslant T < N$，$S^B = \min(T, N_1)$。

通过以上性质可以发现，最优的值 $S^B$ 会影响函数 $f^B(S)$ 的单调性。当 $T_1 < T < T_2$ 时，$f^B(S)$ 关于 $S$ 先递增后递减；当 $0 < T \leqslant T_1$ 时，$S^B = 0$，$f^B(S)$ 关于 $S$ 单调递减；当 $T_2 \leqslant T < N$，$f^B(S)$ 关于 $S$ 单调递增，另外 $f^U(S)$ 是斜率为 $1/N_1[\pi^U(N_1) - \pi^U(0)]$ 的关于 $S$ 的非递减线性函数。

根据引理 5.1，$q_{2d}^B(S) = \kappa d_{DG} + (\overline{G})^{-1}\left(\dfrac{T - S}{N_1 + N_2 - S}\right)$，将其代入 $f_d^B(S)$ 的表达式中，可知 $\mathrm{d}f_d^B(S)/\mathrm{d}S$ 与政府遭受的损失 $d_{DG}$ 无关，同理，$T_1$、$T_2$ 与政府遭受的损失 $d_{DG}$ 也无关。

证毕。

## 结论 5-2 证明

### 引理 5.2

$q_{2H}^*(S) \geqslant q_{2L}^*(S)$，$q_{1H}^*(S) \geqslant q_{1L}^*(S)$（Yu，Kapuscinski，and Ahn，2015）

根据结论 5-1 中的证明，$\mathrm{d}f_d^B(S)/\mathrm{d}S$ 独立于 $d_{DG}$，当 $T \in (T_1, T_2)$，$S_d^f$ 满足 $\mathrm{d}f_d^B(S)/\mathrm{d}S = 0$，所以 $S_d^f$ 独立于 $d_{DG}$，$S_H^f = S_L^f$。

根据引理 5.2，易证 $q_{1H}^f > q_{1L}^f$。

证毕。

## 结论5-3证明

### 引理5.3

$U^*_{2HD}(S) - U^*_{2LD}(S)$ 对于第一阶段募捐量 $S$ 严格递减（Yu, Kapuscinski, and Ahn, 2015）

如果分离均衡轻灾区的基层公务人员在灾情未被公开时募捐，其对物资的价值需求为 $q^*_{1L}(S^a_L)$，任何低于 $q^*_{1L}(S^a_L)$ 的价值需求都是被严格占优的，任何高于 $q^*_{1L}(S^a_L)$ 的价值需求都不会被社会力量所接受，轻灾区募捐的收益为 $q^*_{1L}(S^a_L)S^a_L + U^*_{2L}(S^a_L)$，该函数在 $S^f_L$ 处取得最大值，所以在均衡结果中，轻灾区的最大收益为 $q^*_{1L}(S^f_L)S^f_L + U^*_{2L}(S^f_L)$。

另外，对于社会力量而言，$q^*_{1L}(S^a_L)$ 是其所能接受的最低物资质量要求，如果轻灾区将募捐物资质量要求定为 $q^*_{1L}(S^a_L)$，社会力量总愿意进行捐助，所以在不完全信息下轻灾区所能获得的最小收益也是 $q^*_{1L}(S^f_L)S^f_L + U^*_{2L}(S^f_L)$。

综上所述，在不完全信息的分离均衡中，轻灾区仍将使用完全信息下的均衡策略，$S^a_L = S^f_L$ 得证。同理可证 $S^a_H < S^f_H$。

假设 $S^a_H \geq S^a_L$，且 $S^a_L = S^f_L$，所以 $S^a_H \geq S^f_L$，由引理5.3可知，$S^a_H \leq S^f_L$，所以 $S^a_H = S^f_L$，但是这与文中的约束条件相矛盾，所以 $S^a_H < S^a_L$ 得证。

证毕。

## 结论5-4证明

假设两种类型的募捐方都使用策略 $(q^E_1, S^E)$ 的混同均衡存在，根据参与均衡的定义，在混同均衡中，社会力量也倾向于在第一阶段进行捐助，$q_1^E \leqslant p q_{1H}^*(S^E) + (1-p) q_{1L}^*(S^E)$，所以 $q_1^E < q_{1H}^*(S^E)$。

定义两个关于 $S$ 的函数：$D_H(S)$ 和 $D_L(S)$，$S \in \left[0, \min(T, N_1)\right]$

$$
\begin{aligned}
D_H(S) &= \pi_H^a\big(q_{1H}^*(S), S, 1\big) - \pi_H^a\big(q_1^E, S^E, p\big) \\
&= q_{1H}^*(S)S + \pi_{2H}^*(S) - \left[q_1^E S^E + \pi_{2H}^*(S^E)\right]
\end{aligned}
\tag{C-4}
$$

$$
\begin{aligned}
D_L(S) &= \pi_L^a\big(q_{1H}^*(S), S, 1\big) - \pi_L^a\big(q_1^E, S^E, p\big) \\
&= q_{1H}^*(S)S + \pi_{2L}^*(S) - \left[q_1^E S^E + \pi_{2L}^*(S^E)\right]
\end{aligned}
\tag{C-5}
$$

$D_H(S)$ 和 $D_L(S)$ 都是连续的函数，因为 $q_1^E < q_{1H}^*(S^E)$ 且 $S^E > 0$，所以 $D_H(S^E) = \big(q_{1H}^*(S^E) - q_1^E\big)S^E > 0$。$D_H(0) \leqslant 0$，否则在策略 $\big(q_1^E, S^E\big)$ 下，相比于在第一阶段募捐，政府会严格偏好于在第二阶段募捐。因此在 $S \in \big(0, S^E\big]$ 上至少存在一点，使得 $D_H(S'') = 0$，易得 $D_H(S) > 0$ 对于任意的 $S \in \big(S'', S^E\big]$ 恒成立。当 $S < S^E$，$D_H(S) - D_L(S) = \pi_{2H}^*(S) - \pi_{2L}^*(S) - \big(\pi_{2H}^*(S^E) - \pi_{2L}^*(S^E)\big) > 0$，解得 $D_L(S'') < D_H(S'') = 0$。因为 $D_L(S)$ 是连续的函数，必然存在一点 $S'$，使得 $D_H(S') > 0$ 且 $D_L(S') < 0$。令 $q_1' = q_{1H}'(S')$，显然 $(q_1', S')$ 满足 $\pi_H^a(q_1', S', 1) > \pi_H^a\big(q_1^E, S^E, p\big)$ 且 $\pi_L^a(q_1', S', 1) < \pi_L^a\big(q_1^E, S^E, p\big)$。

证毕。

## 附录 D：结论 6-6 的证明

当政府部门先进行报价时，动态谈判的平稳性条件如式（D-1）所示：

$$
\begin{cases}
\mathrm{E}\left[U_{SF}^{(t)}\big(\varphi_{bg}^*, D_{\varphi_{bg}}\big)\right] = \mathrm{E}\left[\delta_s U_{SF}^{(t+1)}\big(\varphi_{bs}^*, D_{\varphi_{bs}}\big)\right] \\
\mathrm{E}\left[\delta_g U_{GF}^{(t)}\big(\varphi_{bs}^*, D_{\varphi_{bs}}\big)\right] = \mathrm{E}\left[\delta_g^2 U_{GF}^{(t+1)}\big(\varphi_{bg}^*, D_{\varphi_{bg}}\big)\right]
\end{cases}
\tag{D-1}
$$

将 $D_{\varphi_{bg}} = \dfrac{\bar{P}_e \varphi_{bg} r}{c_{GF}}$、$D_{\varphi_{bs}} = \dfrac{\bar{P}_e \varphi_{bs} r}{c_{GF}}$，代入式（D-1）可得：

$$
\begin{cases}
\dfrac{\bar{P}_e^2 \varphi_{bg}^2 r^2}{2 c_{GF}} = \delta_s \dfrac{\bar{P}_e^2 \varphi_{bs}^2 r^2}{2 c_{GF}} \\[3mm]
\dfrac{P_e \bar{P}_e \varphi_{bs}^2 r}{c_{GF}} + \dfrac{P_n \bar{P}_e \varphi_{bs} r}{c_{GF}} - \dfrac{P_n \bar{P}_e \varphi_{bs}^2 r}{c_{GF}} = \delta_g \left( \dfrac{P_e \bar{P}_e \varphi_{bg}^2 r}{c_{GF}} + \dfrac{P_n \bar{P}_e \varphi_{bg} r}{c_{GF}} - \dfrac{P_n \bar{P}_e \varphi_{bg}^2 r}{c_{GF}} \right)
\end{cases}
\tag{D-2}
$$

联立（D-2）中两式进行求解，可得：

$$
\varphi_{bg}^* = \frac{P_n \left( \sqrt{\delta_s} - \delta_g \delta_s \right)}{\left( P_n - P_e \right)\left( 1 - \delta_g \delta_s \right)}, \quad 0 \leqslant \varphi_{bg}^* \leqslant 1
\tag{D-3}
$$

同理可证，当社会力量先报价时：

$$
\varphi_{bs}^* = \frac{P_n \left( 1 - \delta_g \sqrt{\delta_s} \right)}{\left( P_n - P_e \right)\left( 1 - \delta_g \delta_s \right)}, \quad 0 \leqslant \varphi_{bs}^* \leqslant 1
\tag{D-4}
$$

分析式（D-3）和式（D-4）可知：

$$
{\varphi_{bg}^*} \Big/ {\varphi_{bs}^*} = \sqrt{\delta_s} < 1
\tag{D-5}
$$

因此，政府救灾部门先报价时所能接受的定向捐赠物资比例更低。

证毕。

# 主要参考文献

[1] 曹策俊，李从东，屈挺，等. 救援物资跨区域调度双层规划模型——考虑幸存者感知满意度和风险可接受度［J］. 管理科学学报，2019（9）：113-128.

[2] 曹杰，杨晓光，汪寿阳. 突发公共事件应急管理研究中的重要科学问题［J］. 公共管理学报，2007（2）：84-93.

[3] 柴瑞瑞，孙康，陈静锋，等. 连续恐怖袭击下反恐设施选址与资源调度优化模型及其应用［J］. 系统工程理论与实践，2016（2）：464-472.

[4] 陈敬贤，梁樑. 多产品救援物资的储备决策：一个扩展的 Newsvendor 模型［J］. 中国管理科学，2018（6）：143-152.

[5] 崔军，杨琪. 应急财政支出绩效评价指标体系构建研究——基于模糊层次分析法的考察［J］. 财贸经济，2013（3）：21-31.

[6] 代文强，陈琳，章潇月. 道路容量不确定情形下可靠应急疏散路径规划问题［J］. 系统工程理论与实践，2022（9）：2486-2495.

[7] 邓海建. 湖南桃江谎报灾情损失遭曝光 被指揭借灾趋利心态［EB/OL］.（2012-05-24）［2024-10-15］.https：//china.huanqiu.com/article/9CaKrnJvy28.

[8] 狄振鹏，姜士伟. 大数据时代政府数据开放与公民隐私保护问题研究［J］. 情报杂志，2022（2）：155-159；118.

［9］ 冯俏彬，刘敏，侯东哲. 我国应急财政资金管理的制度框架设计——基于重大自然灾害的视角［J］. 财政研究，2011（9）：7-11.

［10］ 冯轶. 完善政府数据治理机构打造数据治理格局［J］. 中国信息界，2021（3）：78-81.

［11］ 佚名. 应急管理部发布2021年全国自然灾害基本情况［EB/OL］.［2024-10-23］.http：//www.ndrcc.org.cn/zqtj/25731.jhtml.

［12］ 贺国强. 认真总结抗灾救灾和灾后重建监督检查经验 加强对中央重大决策部署执行情况监督检查［J］. 中国监察，2011（10）：4-8.

［13］ 黄猛. 辽宁省洪涝灾情指标分析复核系统设计与实现［J］. 中国防汛抗旱，2019（3）：24-27.

［14］ 李德龙，刘德海. 城市轨道交通枢纽智慧安检联防信号博弈模型［J］. 系统工程理论与实践，2022（12）：3363-3380.

［15］ 李德龙，刘德海. 基于白名单的地铁涉恐防爆安检序贯博弈模型［J］. 系统工程理论与实践，2021（11）：2975-2991.

［16］ 李莉，高洪利，陈靖涵. 中国高科技企业信贷融资的信号博弈分析［J］. 经济研究，2015（6）：162-174.

［17］ 李瑞. 我国救灾资金管理现状分析［J］. 中国市场，2018（19）：137-138.

［18］ 梁帅，汪翔，王熹徽. 基于匮乏理论的灾害应急实物捐助协调研究［J］. 系统工程理论与实践，2022（9）：2509-2522.

［19］ 林琪，赵秋红，倪冬梅. 考虑关联与替代关系的应急物资储备量模型［J］. 管理科学学报，2018（8）：117-131.

［20］ 刘德海.中国强势政府主导救灾模式的成功经验与新挑战［J］. 电子科技大学学报（社科版），2018（5）：35-40.

［21］ 刘德海，苏烨. 群体性突发事件调解、预警和防御的情景优化模型［J］. 系统工程理论与实践，2014（10）：2609-2618.

［22］ 刘德海，赵宁. 地方政府社会募捐问题的两阶段信号博弈模型［J］. 系统工程学报，2020（6）：736-747.

[23] 刘素霞，程瑶，梅强，等. 工业园区企业安全生产达标策略选择演化研究——基于溢出效应视角 [J]. 系统工程理论与实践，2020（12）：3284-3297.

[24] 刘新燕，张惠天，王璐. "悲" 天悯人，还是 "乐" 善好施？受助者困境态度效价与心理距离对捐赠意愿的交互影响 [J]. 南开管理评论，2023（2）：48-60.

[25] 刘阳，田军，冯耕中. 基于数量柔性契约与Markov链的应急物资采购模型 [J]. 系统工程理论与实践，2020，40（1）：119-133.

[26] 刘奕，许伟，乔晗，等. 突发事件应急理论与方法研究进展专辑序言 [J]. 系统工程理论与实践，2015，35（10）：2445-2448.

[27] 刘泽照. 突发事件应急管理中的官员避责行为及纠治 [J]. 中国行政管理，2021（5）：138-145.

[28] 吕孝礼，张海波，钟开斌. 公共管理视角下的中国危机管理研究——现状、趋势和未来方向 [J]. 公共管理学报，2012（3）：112-121；128.

[29] 毛庆铎，马奔. 矿难事故瞒报行为的解释：基于 "系统—利益相关者" 视角 [J]. 中国行政管理，2017（1）：114-121.

[30] 穆连萍. 近年辽宁洪涝灾害统计工作实践及思考 [G] //中国水利学会，辽宁省水利学会. 水与水技术（第3辑）. 沈阳：辽宁科学技术出版社，2013：116-118.

[31] 聂辉华，蒋敏杰. 政企合谋与矿难：来自中国省级面板数据的证据 [J]. 经济研究，2011（6）：146-156.

[32] 祁明亮，秦凯杰，赵琰. 雪灾救援物资车辆-直升机联合运送的调度问题研究 [J]. 中国管理科学，2014（3）：59-67.

[33] 青海省民政厅救灾处. 重大自然灾害损失评估工作实践：以 "4·14" 玉树地震评估工作为例 [J]. 中国减灾，2014（15）：30-31.

[34] 孙开. 应急财政资金的保障机制与制度化管理研究 [J]. 财贸经济，2013（3）：13-20.

[35] 孙彤，薛爽. 管理层自利行为与外部监督——基于信息披露的信号博弈

[J]. 中国管理科学，2019（2）：187-196.

[36] 童星，张海波. 基于中国问题的灾害管理分析框架 [J]. 中国社会科学，2010（1）：132-146；223-224.

[37] 王海燕，费显政，王涯薇. 捐赠金额选项数量对个体捐赠意愿的影响 [EB/OL]. [2022-11-13]. http://kns.cnki.net/kcms/detail/12.1288.f.20220913.1345.004.html.

[38] 王建州，杨文栋. 基于非线性修正策略的空气质量预警系统研究 [J]. 系统工程理论与实践，2019（8）：2138-2151.

[39] 王树兵，李西文. 基于委托代理关系的救灾资金使用监督机制的构建 [J]. 财政监督，2014（13）：32-35.

[40] 王天营. 感受汶川地震中的统计数据 [J]. 中国统计，2008（7）：42-43.

[41] 王威，朱强强，武佳佳，等. 地震灾害生命年损失多模型评估方法研究 [J]. 系统工程理论与实践，2019（11）：2953-2963.

[42] 王熹徽，张文鑫，余玉刚，等. 考虑灾民痛苦感知的应急避难所选址与物资分配优化 [J]. 中国管理科学，2020（12）：162-172.

[43] 王英华，曲家奇. 我国公立慈善机构内部控制问题研究 [J]. 现代经济信息，2013（24）：319-320.

[44] 王泽彩，王敏. 创新应急管理财政政策的若干思考 [J]. 中国行政管理，2020（5）：86-90.

[45] 魏云娇. 救灾资金投入长效机制探究 [J]. 中国市场，2021（16）：70-72.

[46] 武山松，刘德海，王雷. 分裂化恐怖组织袭击策略的 Moran 过程随机演化模型 [J]. 系统工程理论与实践，2020（11）：2885-2896.

[47] 杨曼，刘德海. 救援延迟效应如何影响政府企业救灾合作？基于微分博弈的研究 [J]. 运筹与管理，2022（5）：1-7.

[48] 姚佩怡，姚正海. 基于时间差异的员工薪酬决定博弈分析 [J]. 软科学，2018（10）：58-61；79.

[49] 张国兴. 基于博弈视角的煤矿企业安全生产管制分析 [J]. 管理世界, 2013（9）：184-185.

[50] 张海波, 童星. 中国应急管理结构变化及其理论概化 [J]. 中国社会科学, 2015（3）：58-84；206.

[51] 张海波, 童星. 中国应急管理效能的生成机制 [J]. 中国社会科学, 2022（4）：64-82；205-206.

[52] 张艳楠, 孙绍荣. 基于Stackelberg博弈模型的化工企业安全生产管理机制治理研究 [J]. 中国管理科学, 2016（3）：159-168.

[53] 詹承豫. 少数干部瞒报的心态、表现及治理之策 [J]. 人民论坛, 2021（20）：50-53.

[54] 赵黎明, 李聪, 郭祥. 基于微分博弈的政企救灾合作策略研究 [J]. 系统工程理论与实践, 2018, 38（4）：885-898.

[55] 赵莲. 严惩瞒报, 夯实企业安全生产思想根基 [N]. 中国应急管理报, 2020-01-18（3）.

[56] 赵瑞娟, 周建亨. 双渠道供应链两阶段信息甄别策略 [J]. 管理工程学报, 2022（4）：152-163.

[57] 赵志疆. 疫情当前, 谎报和瞒报都是犯罪 [J]. 公民与法（综合版）, 2021（1）：28.

[58] 郑利平. 腐败成因的经济理性与预期效用的论析 [J]. 中国社会科学, 2001（1）：91-99；207.

[59] 中华人民共和国应急管理部. 自然灾害防治工作部际联席会议第二次会议在京召开 [EB/OL].（2020-07-03）[2024-10-15]. https：//www.mem.gov.cn/xw/yjyw/202007/t20200703_355569.shtml.

[60] 钟开斌, 薛澜. 以理念现代化引领体系和能力现代化：对党的十八大以来中国应急管理事业发展的一个理论阐释 [J]. 管理世界, 2022（8）：11-25.

[61] AFLAKI A，PEDRAZA-MARTINEZ A J. Humanitarian funding in a multi - donor market with donation uncertainty [J]. Production and Operations Management,

2016（7）：1-18.

[62] AGHASSI M, BERTSIMAS D. Robust game theory［J］. Mathematical Programming, 2006（1-2）：231-273.

[63] AKSU D T, OZDAMAR L. A mathematical model for post-disaster road restoration：enabling accessibility and evacuation［J］. Transportation Research：Part E, 2014, 61：56-67.

[64] ALDASHEV G, VERDIER T. Goodwill bazaar：NGO competition and giving to development［J］. Journal of Development Economics, 2010（1）：48-63.

[65] ALTAY N, GREEN Ⅲ W G. OR/MS research in disaster operations management［J］. European Journal of Operational Research, 2006（1）：475-493.

[66] AMBRUS A, LU S E. Robust almost fully revealing equilibria in multi-sender cheap talk［J］. Games and Economic Behavior, 2014, 88（C）：174-189.

[67] ARMSTRONG M. Optimal regulation with unknown demand and cost functions［J］. Journal of Economic Theory, 1999a, 84（2）：196-215.

[68] ARMSTRONG M, ROCHET J. Multi-dimensional screening：A user's guide［J］. European Economic Review, 1999b, 43（4-6）：959-979.

[69] BAKSHI N, PINKER E. Public warnings in counterterrorism operations：managing the "cry-wolf" effect when facing a strategic adversary［J］. Operations Research, 2018（4）：977-993.

[70] BALCIK B, BEAMON B, KREJCI C, et al. Coordination in humanitarian relief chains：practices, challenges and opportunities［J］. International Journal of Production Economics, 2010（1）：22-34.

[71] BARMAN E. With strings attached［J］. Nonprofit and Voluntary Sector Quarterly, 2008（1）：39-56.

[72] BECKER G S, STIGLER G J. Law enforcement, malfeasance, and compensation of enforcers［J］. The Journal of Legal Studies, 1974（1）：1-18.

[73] BESIOU M, PEDRAZA-MARTINEZ A J, VAN WASSENHOVE L N. Vehicle

supply chains in humanitarian operations: decentralization, operational mix, and earmarked funding [J]. Production and Operations Management, 2014 (11): 1950-1965.

[74]    BESIOU M, VAN WASSENHOVE L N. Humanitarian operations: a world of opportunity for relevant and impactful research [J]. Manufacturing & Service Operations Management, 2020 (1): 135-145.

[75]    BHATTACHARYA S, HASIJA S, VAN WASSENHOVE L N. Designing efficient infrastructural investment and asset transfer mechanisms in humanitarian supply chains [J]. Production and Operations Management, 2015 (9): 1511-1521.

[76]    CAGLA O, BURTON A W. Determinants of donations in private nonprofit markets [J]. Journal of Public Economics, 2000, 75 (2): 255-272.

[77]    CASTANEDA M A, GARDEN J, THORNTON J. Competition, contractibility, and the market for donors to nonprofits [J]. Journal of Law Economics & Organization, 2008 (1): 215-246.

[78]    CERULLI M D, AMBROSIO C, LIBERTI L, et al. Detecting and solving aircraft conflicts using bilevel programming [J]. Journal of Global Optimization, 2021 (2): 1-29.

[79]    CHAKRABORTY S, SWINNEY R. Signaling to the crowd: private quality information and rewards-based crowdfunding [J]. Manufacturing & Service Operations Management, 2021 (1): 155-169.

[80]    CHEN B, LI S. Prehire screening and subjective performance evaluations [J]. Management Science, 2018 (10): 4953-4965.

[81]    CHEN Y, LIU Q. Signaling through advertising when an ad can be blocked [J]. Marketing Science, 2022 (1): 166-187.

[82]    CRAWFORD V, SOBEL J. Strategic information transmission [J]. Econometrica, 1982 (6): 1431-1451.

[83]    RIBER D C, WILHELM M O. Altruistic and joy-of-giving motivations in

charitable behavior [J]. Journal of Political Economy, 2002 (2): 425-457.

[84] EFTEKHAR M, MASINI A, ROBOTIS A, et al. Vehicle procurement policy for humanitarian development programs [J]. Production and Operations Management, 2014 (6): 951-964.

[85] FARD M K, LJUBIC I, PAPIER F. Budgeting in International Humanitarian Organizations [J]. Manufacturing & Service Operations Management, 2021 (3): 1562-1577.

[86] FAST S, KIM L, COHN E, et al. Predicting social response to infectious disease outbreaks from internet-based news streams [J]. Annals of Operations Research, 2018 (1-2): 551-564.

[87] FENG Q, LAI G, LU L. Dynamic bargaining in a supply chain with asymmetric demand information [J]. Management Science, 2015 (2): 301-315.

[88] FEYZA G, SAHINYAZAN M, ÈVE R, et al. Food aid modality selection problem [J]. Production and Operations Management, 2021 (4): 965-983.

[89] FUDENBERG D, TIROLE J. Game theory [M]. Cambridge: The Mit Press, 1991.

[90] FUCHS C, MARTIJN G, MARTIN S. Earmarking donations to charity: cross-cultural evidence on its appeal to donors across 25 countries [J]. Management Science, 2020 (10): 4820-4842.

[91] GALLEGO G. Revenue management with partially refundable fares [J]. Operations Research, 2010 (4): 817-833.

[92] GUO H, LIU Y, NAULT B R. Provisioning interoperable disaster management systems: integrated, unified, and federated approaches [J]. MIS Quarterly, 2021 (1): 45-82.

[93] GUO X, BI G, LV J. Crowdfunding mechanism comparison if there are altruistic donors [J]. European Journal of Operational Research, 2021 (3): 1198-1211.

[94]　GUPTA S, STARR M K, FARAHANI R Z, et al. Disaster management from a POM perspective: mapping a new domain [J]. Production and Operations Management, 2016 (10): 1611-1637.

[95]　HE F, ZHUANG J. Balancing pre-disaster preparedness and post-disaster relief [J]. European Journal of Operational Research, 2016 (1): 246-256.

[96]　HU Z H, SHEU J B. Post-disaster debris reverse logistics management under psychological cost minimization [J]. Transportation Research: Part B, 2013, 55: 118-141.

[97]　KESHVARI F M, EFTEKHAR M, PAPIER F. A policy for managing operational assets to minimize deprivation costs [J]. Production and Operations Management, 2019 (8): 2132-2151.

[98]　KHANNA J, SANDLER T. Partners in giving: the crowding-in effects of UK government grants [J]. European Economic Review, 2000 (8): 1543-1556.

[99]　KOTSI T, WU O, PEDRAZA-MARTINEZ A. Donations for refugee crises: in-kind vs. cash assistance [J]. Manufacturing & Service Operations Management, 2022 (6): 3001-3018.

[100]　KOVACS G, SPENS K M. Humanitarian logistics in disaster relief operations [J]. International Journal of Physical Distribution & Logistics Management, 2007 (2): 99-114.

[101]　LIU D, XIAO X, LI H, et al. Historical evolution and benefit-cost explanation of periodical fluctuation in coal mine safety supervision: an evolutionary game analysis framework [J]. European Journal of Operational Research, 2015 (3): 974-984.

[102]　NAKAYACHI K, BECKER J S, POTTER S H, et al. Residents' reactions to earthquake early warnings in Japan [J]. Risk Analysis, 2019 (8): 1723-1740.

[103]　NASH J F. Equilibrium points in n-person games [J]. Proceedings of the

National Academy of Sciences, 1950a (1): 48-49.

[104] NASH J F. The bargaining problem [J]. Econometrica, 1950b (2): 155-162.

[105] NASH J F. Non-cooperative games [J]. Annals of Mathematics, 1951 (2): 286-295.

[106] NASH J F. Two-person cooperative games [J]. Econometrica, 1953 (1): 128-140.

[107] NASIRY J, POPESCU I. Advance selling when consumers regret [J]. Management Science, 2012 (6): 1160-1177.

[108] NEUMANN J V, MORGENSTERN O. Theory of games and economic behavior [M]. Princeton: Princeton University Press, 1944.

[109] NIKOLOPOULOS K, PUNIA S, SCHFERS A, et al. Forecasting and planning during a pandemic: COVID-19 growth rates, supply chain disruptions, and governmental decisions [J]. European Journal of Operational Research. 2020 (1): 99-115.

[110] NUNNENKAMP P, ÖHLER H. How to attract donations: the case of US NGOs in international development [J]. Journal of Development Studies, Taylor & Francis Journals. 2012 (10): 1522-1535.

[111] OOSTERHOF L, HEUVELMAN A, PETERS O. Donation to disaster relief campaigns: underlying social cognitive factors exposed [J]. Evaluation and Program Planning, 2009 (2): 148-157.

[112] OZLEM E, LUYI G, JESSICA L, et al. Improving humanitarian operations through technology-enabled collaboration [J]. Production and Operations Management, 2014 (6): 1002-1014.

[113] PEDRAZA-MARTINEZ A J, HASIJA S, VAN WASSENHOVE L N. Fleet coordination in decentralized humanitarian operations funded by earmarked donations [J]. Operations Research, 2020 (4): 984-999.

[114] PEDRAZA-MARTINEZ A J, STAPLETON O, VAN WASSENHOVE L N.

Field vehicle fleet management in humanitarian operations: a case-based approach [J]. Journal of Operations Management, 2011 (5): 404-421.

[115] PEDRAZA-MARTINEZ A J, VAN WASSENHOVE L N. Vehicle replacement in the International Committee of the Red Cross [J]. Production and Operations Management, 2013 (2): 365-376.

[116] PRIVETT N, ERHUN F. Efficient funding: auditing in the nonprofit sector [J]. Manufacturing & Service Operations Management, 2011 (4): 471-488.

[117] REGNIER E D, MACKENZIE C A. The hurricane decision simulator: a tool for marine forces in New Orleans to practice operations management in advance of a hurricane [J]. Manufacturing & Service Operations Management, 2019 (1): 103-120.

[118] ROUMILI E, BOSSU J, CHAPURLAT V, et al. Contribution to nuclear safety demonstration through system modelling and artificial intelligence [J]. Production and Operations Management, 2021 (4): 31-33.

[119] ROTHSCHILD M, STIGLITZ J. Equilibrium in competitive insurance markets: an essay on the economics of imperfect information [J]. Quarterly Journal of Economics, 1976 (4): 629-649

[120] RUBINSTEIN A. Perfect equilibrium in a bargaining model [J]. Econometrica, 1982 (1): 97-109.

[121] RYZHOV I, HAN B, BRADIC J. Cultivating disaster donors using data analytics [J]. Management Science, 2016 (3): 849-866.

[122] SAXTON G D, ZHUANG J. A game-theoretic model of disclosure-donation interactions in the market for charitable contributions [J]. Journal of Applied Communication Research , 2013 (1): 40-63.

[123] SCHMITZ J. Is charitable giving a zero sum game? —the effect of competition between charities on giving behavior [J]. Management Science, 2021 (10): 6333-6349.

[124] SINGH J P, DWIVEDI Y K, RANA N P, et al. Event classification and

location prediction from tweets during disasters [J]. Annals of Operations Research, 2019 (6): 1-21.

[125] SKAPERDAS S. Contest Success Functions [J]. Economic Theory, 1996 (2): 283-290.

[126] SRINIVAS P F, SIBEL S, DILEK G, et al. Pre-disaster investment decisions for strengthening a highway network [J]. Computers & Operations Research, 2010 (10): 1708-1719.

[127] STAVROGLOU S K, AYYUB B M, KALLINTERAKIS V, et al. A novel causal risk-based decision-making methodology: the case of coronavirus [J]. Risk Analysis, 2021 (5), 814-830.

[128] STROM S. Here' s my check; spend it all at once [N]. New York Times, 2008-01-20.

[129] TOMASINI R, VAN WASSENHOVE L N. Humanitarian logistics [M]. Hampshire: Palgrave Mcmillan, 2009.

[130] TOYASAKI F, WAKOLBINGER T. Impacts of earmarked private donations for disaster fundraising [J]. Annals of Operations Research, 2014 (8): 427-447.

[131] VANAJAKUMARI M, KUMAR S, GUPTA S. An integrated logistic model for predictable disasters [J]. Production and Operations Management, 2016 (5): 791-811.

[132] WANG J, LIU Z, ZHAO R. On the interaction between asymmetric demand signal and forecast accuracy information [J]. European Journal of Operational Research, 2019a (3): 857-874.

[133] WANG T, LIU B, ZHANG J, et al. A real options - based decision - making model for infrastructure investment to prevent rainstorm disasters [J]. Production and Operations Management, 2019b (11). 2699-2715.

[134] WELBURN J, GRANA J, SCHWINDT K. Cyber deterrence with imperfect attribution and unverifiable signaling [J]. European Journal of Operational Research,

2022（3）：1399-1416.

［135］ VAN WASSENHOVE L N. Humanitarian aid logistics： supply chain management in high gear ［J］. Journal of the Operational Research Society, 2006（5）：475-489.

［136］ YU M, KAPUSCINSKI R, AHN H S. Advance selling： effects of interdependent consumer valuations and seller's capacity ［J］. Management Science, 2015（9）：2100-2117.

［137］ ZHEN X, CAI G, SONG R, et al. The effects of herding and word of mouth in a two-period advertising signaling model ［J］. European Journal of Operational Research, 2019（1）：361-373.